国家古籍整理出版专项经费资助项目

皇帝的课本

加油吧太子

承华事略赏析

[元] 王恽◎撰　清人补图绎义　冯修齐◎译注

故宫出版社

出版前言

故宫博物院藏书以流传有绪的清代宫中旧藏为主要特色。其渊源可上溯至宋元,风格特色鲜明。虽因历史原因在大陆、台湾等地多有流散,但仍荟萃了明清时期诸多珍稀精品。《故宫博物院藏内府珍本》即是从这些精品中选取凝结中国传统文化精粹内容的代表性著作,以影印形式整理、编辑、出版的一套丛书。

《皇帝的课本》为2013年"国家古籍整理出版资助项目"——《故宫博物院藏内府珍本》(第一辑)的点读、注释版本。将其中有关皇帝、皇子教育方面的经典教材整理汇编,精美图片原版影印,文字部分在句读的基础上加以白话注释而推出的一套丛书。我们采用了串讲通解、配原图并注的形式,为当今读者提供了阅读理解上的便利。《皇帝的课本》现推出五种,即《当顺治遇上老子——御注道德经赏析》《观照孔夫子——圣迹全图赏析》《皇帝是这样炼成的——帝鉴图说赏析》《今天你养正了吗——养正图解赏析》《加油吧太子——承华事略赏析》。

本丛书所选版本文字与当代通行本或有差异,图像质量则明显优于新近常见版本,为当今读者稀见或首见。《御注道德经》字形丰满,笔划清晰,刻法精工,边框齐整。《圣迹全图》是清代翰林词臣于敏中进献乾隆皇帝的写绘袖珍本,图画隽雅传神,题画文字娟秀清丽,功力非凡,不失为我国清代绘画书法艺术的上品,具有较高的艺术价值和学术研究价值。《帝鉴图说》书中的插图仿明代风格,线条简单,轮廓清晰,朴拙中带有几分稚趣,可爱又不失传神,兼具欣赏性和收藏性。《养正图解》由明代著名画家丁云鹏绘图,绘刻精细,古趣盎然。《钦定元王恽承华事略补图》为清徐郙、李文田补图与校订，版画仿顾恺之仕女画及汉代画像石风格，镌刻线条流畅细致。

此五种图书，都是清代内府刻本，刻印数量有限，甚至是当今所见的孤本。是供清代皇室或由皇帝诏令颁发到一定品级官员阅览的珍本，创作的意图，多是对皇室和高级官员宣扬中国古代传统文化精粹和为其提供借鉴的"教材"。《御注道德经》是清代入关皇帝顺治帝熟读汉文化经典《道德经》之后的感悟。《圣迹全图》以传颂孔子生平事迹为主要内容，专供乾隆皇帝闲暇时阅览。《帝鉴图说》是供当时年仅十岁的小皇帝——明神宗（万历皇帝）阅读的教科书。《养正图解》是焦竑在任皇子讲官时，为教导皇长子朱常洛承续封建道统而采录编选的一部伦理著作。《承华事略》是王恽将前代贤良有为的太子和其老师对他们的教诲事迹整理成章（也有太子玩物丧志的反面教材），于至元十八年进呈给太子，意在劝勉太子效法古人，以成明君的著作。

中国古人著书，十分注重图的作用，固有以图证史之说，且将"图"、"书"并称。图绘形象直观，文字抽象曲现，二者相辅相成。这种图文并茂的表述方式一直流传至今，以至进入了现在的读图时代。希望我们这套丛书的出版，在带领读者以现代的视角去领略古籍时尚之美的同时，能直观了解中国古代皇室所受教育中的精华，有利于现今社会风气的"见贤思齐"。

故宫出版社
2013 年 7 月

引 言

故宫博物院藏《钦定元王恽承华事略补图》共三册,前两册书名分别为《钦定元王恽承华事略补图(卷上)》《钦定元王恽承华事略补图(卷下)》,第三册即《钦定元王恽承华事略补图凡例并逐段图说绎义》。

元朝至元十八年十二月,王恽向太子进呈《承华事略》,每篇都有配图,后来图散佚了。清代光绪二十二年,皇帝命令将《承华事略》补图并校正。南书房翰林徐郙等将发下的《承华事略》的主体内容二十篇三十九段文字及篇尾附记《元裕宗论承华事略事》,共计四十段文字,创作了配图,并将配图的凡例和布局等思路合编为《钦定元王恽承华事略补图凡例并逐段图说绎义》。

按照书口双黑鱼尾间的卷名,《钦定元王恽承华事略补图(卷上)》《钦定元王恽承华事略补图(卷下)》的内容分别是:《钦定元承华事略补图·表》、《钦定元承华事略补图·提要》、王恽撰《钦定元承华事略补图·原序》、《钦定元承华事略补图·目录》,此后是从《广孝》篇开始,到《审官》篇,共二十篇主体内容(这二十篇,清人经过考证和揣测王恽所划分的"六"卷,分为六卷)。《钦定元王恽承华事略补图凡例并逐段图说绎义》的内容分别是:《钦定元承华事略补图·凡例》、《钦定元承华事略·广孝篇》至《钦定元承华事略·审官篇》、篇末元人跋尾一段(《元裕宗论承华事略图》)。

依据《钦定元承华事略补图·原序》(以下简称《序》)所提供的信息,可以考察时任"燕南河北道提刑按察副使"的王恽进献《承华事略》的初衷。

先要简单介绍一下《承华事略》的作者王恽。王恽,字仲谋,河南卫州汲县人。博学多才,勤俭戒奢,喜好写文章和提谏言。仕途比较顺利,曾被元太祖忽必烈授为翰林学士。本书是他写来劝诫当时的太子如何才能做好储君，将来足以治国平天下，这既是一部学术经典，也充满着作者的政治主张。

承华，是古代太子所居住的宫殿的名称，也借以指代太子。那么《承华事略》则解释为太子身边的事情，或者是太子的故事。

王恽在本书《序》中表明：如果学习就是学些文字上虚乎缥缈的知识，脱离了行为和实际生活，那对于道德智慧真是没有什么补益。从社会生活乃至民谚之中，也能学习很多道理。他诚惶诚恐地叩头不止，历陈谏言，是因为当时的太子性格宽厚孝敬，将成为继任的天子，统御万邦，但还必须不断地努力，积累小善以成大德。应该注意身边的细节，践行贾谊、傅说的教诲，集历来优秀太子的德行，终成大器。对于曾经的各位优秀太子的懿德，归纳在一本《承华事略》的书中，总共二十篇，分为六卷，于元朝至元十八年十二月，再次"叩头不止"地进呈给当时的太子。

《序》的第一段，阐明了本书编撰的缘起。传达了一个重要的理念，就是纵使天子之身，也要重在教育。更重要的是，对于教育的方法，也给与了高屋建瓴的概括：从小教育，从小事教育。当然，从这第一段中，我们也不难看出，旧社会礼教的森严，这么有见解的理性分析和权威著作，想献给"太子殿下"，则要把"诚惶诚恐"写两次、"叩头"写四次，才觉得分寸适合。

《序》的第二段，王恽表明他推崇《文王世子》和《保傅篇》所提倡的教育太子的宗旨，但是由于撰文时间去当时已远，恐怕在礼制和具体行为上，也有与"当今"不宜的情况。于是王恽就将其后发生的与教育太子相关的事情举例编写，按照事情发生的先后顺序布局谋篇，最终成书。这第二部分的内容，足以让读者肃然——王恽先生原来还具有实事求是和与时俱进的教育思想。

在中国古代社会有句俗话叫"百善孝为先",王恽在《序》的第三段中,充分地印证了这个思路。他说"窃谓孝者,德之本也",就是说,他本人坚信,孝敬就是道德的根本。当然,随后他还说"唯天子之孝,以宁亲敷教为大",这是提醒太子,作为皇储,他"德行的根本"的那个"孝"的内涵,既包括了使双亲和尊长安宁,也必须担负起教化臣民的责任和义务。从中我们也能洞察王恽的睿智——他的大局意识和并不迂腐。

故此《广孝》篇成为《承华事略》的首篇。《序》的第三段,王恽继续阐明全书结构编排的逻辑关系。仁爱的心肠,是孝敬的缘起,对于双亲的仁爱是孝敬,对于兄弟的仁爱则归于《立爱》篇中。孝敬双亲,友于兄弟,这种正气,也是国家稳定的根本,于是,有了第三篇《端本》。国家的根本、个人的根本都端正了,这个前提确立了,就该学习知识了,无知怎么能成就德行呢,《进学》篇即由此成。学习知识,但是不能学那些与正统不符合的异端,就这个问题,紧接着就有《择术》《谨习》两篇加以规劝和警示。礼数、教化的尊崇和道德文章的成就,要从百官公卿的言行中得到印证,从官宦的言辞论辩中可以听出自己伸张的主义是不是被遵行了,此外,只有广开言路才能兼听则明和获取更多的信息,这些内容,先入《听政》篇,继而《达聪》篇。国家行政的日常事务之外,还有一项重要的内容,就是军备,所以有此《抚军》篇。军政大事、命令行动中,最怕的就是僭越职责,贻误大局,因此,特撰《明分》篇,以古代太子的善行为先例,告诫"当今"太子,安守分寸,万勿僭越。文武之道,一张一弛,恩威相济,才能长久,据此成立《崇文》篇。推崇文治就要礼贤下士,礼贤下士的前提,必须明辨正邪,于是在《崇儒》《亲贤》篇之后,有《去邪》篇，防止太子的德行被细节玷污和熏染。正人君子的言论，多是补益非常，因此《纳诲》篇随后而成。即便是圣人，也不会不犯错误，犯了错误，改就是了，这就很了不起，为了阐述这些道理，先设置了《几谏》篇，言说对待长辈的劝诫要看准机会，委婉适度才好，其后，紧接着《从谏》篇，是针对太子而言。如果太子能够仁慈地对待百姓，并且宽厚地处理事务，之后该如何呢，王恽遂有劝谏太子《推恩》篇置此，希望太子把这些恩惠更多地施与百姓。还有就是，节省简朴也很重要，贵在高位的太子，更应有俭省之心，故有《尚俭》《戒逸》篇。最后，作者王恽认为，治理国家无论大小事情，成也在人，败也在人，因此，官吏的任命和考核至关重要，与此相关的事情做好了，则会国泰民安，于是以《审官》篇，作为中国式的理想化模式收尾——《承华事略》的终结篇。

《序》的第四段，王恽概略总结了本书从《广孝》到《审官》共计二十篇，分为六卷，每篇中都有一、二或三段文字，每段文字都配有图像。图像形象地展示古代贤德太子的"伟大"事迹，后面的图像说明则表达了王恽对塑造"当今"太子美好德行的良苦用心。并说"易于按观"！这就是我国古代社会的图文书，基于方便观览的初衷，归于观览方便的效果。

只可惜年代久远，这些美图都散佚了，看不到了。幸而文字还流传了下来。光绪二十二年，皇帝下了一道朱谕，说有一部书名为《承华事略》，命南书房的翰林按照每一段的意思配图，配完了列好清单呈报皇帝；同时，校对一下书中有没有什么错讹，"并著查阅。钦此。"于是有了现藏于故宫博物院的《钦定元王恽承华事略补图》。

按照《钦定元承华事略补图·提要》的说法，上文王恽所谓"厘为六卷"，被光绪朝奉命补图的大臣"试按三十九图分厘"如右。第一卷,《广孝》至《端本》,三篇八图,八段说明;第二卷,《进学》至《达聪》,五篇七图,七段说明;第三卷,《抚军》至《明分》,两篇五图,五段说明;第四卷,《崇儒》至《去邪》,三篇七图,七段说明;第五卷,《纳诲》至《推恩》,四篇七图,七段说明;第六卷,《尚俭》至《审官》,三篇五图,五段说明。划分完毕,徐郙等大臣谨慎地写下"于当年卷第未知吻合与否"?"今拟按图分卷,以符原书次第之处"。此外,诸如描述比对版本、校订文字等工作的内容中,可管窥清代奉敕整理校勘古籍的一斑。

原图既已不存,皇帝又让"每段绎其义为图",如何配图?不愧是朝廷里最有资格的文化人,徐郙、李文田、吴树梅、陆宝忠、张百熙、王懿荣这几位元老虽然在《钦定元承华事略补图·表》中,也说他们自己"诚惶诚恐"云云,但是他们的配图工作还是有理有据地展开了。先阐明古代注重左图右史的来历。也许是中国古代的习惯,凡事要找到先例才继续,创新没什么不好,可是古代的中国人仿佛更注重继承,哪怕名义上找到先辈的成例。

《钦定元承华事略补图·凡例》中,有徐郙等"谨按"云云,详细表明了他们是如何补图的,言简意赅。既表述了配图的风格依据——"拟仿汉石室画象(像),及宋刻顾恺之画《列女传图》",也记载了每幅图作画的具体范式。其实,徐郙等大臣在各篇之下每段文字后面,都补注了些许说明,其中描述了这幅图该如何配,画些什么,方位如何,标注什么文字等等。

全书补图后,读起来更加形象直观。尤其那些如何作画的描述文字,仿佛让读者来到作画人的身边,一边聆听着构思者的设想,一边观摩绘画的过程——身临其境的感觉。画作完成后,再体会原文文意,不但相得益彰,而且互补互参,过目难忘。

这样的内容,这样形式的图书,对于他日成为"裕皇"的太子,对于其后看到原文配搭原图的诸位太子及他人,对于光绪皇帝及看到原文及补图的诸位,是什么样的感觉,可以想见。

推荐这本古籍,简译其中的内容,其目的在于以史为鉴,见贤思齐。《承华事略》成书的初衷,是元朝的大臣想对当时太子的教育有所裨益,促使他读后有所领悟,将来成为一代明君;《钦定元王恽承华事略补图凡例并逐段图说绎义》的撰绘,是清代的大臣为了落实当时皇帝的敕谕而成,与皇帝下发的《承华事略》(无图本)合为《钦定元王恽承华事略补图》,想必也是达致劝诫和镜鉴所用;演变到当今,上述典雅、古朴和文绉绉的书名,被改成了《加油吧太子——承华事略赏析》,其内容顺序有了不小的调整,一气呵成的文字被加上了现代标点,文言文也串解成了白话,其意义和价值何在呢。

首先,我们都认同教育是国家的根本。一个小朋友,你反复教他的内容,可能会一定程度地对他产生影响。其次,教正确的与正确地教。教正确的才能持久,好的方式事半功倍。此外,有些可持续的仍需继承,比如仁爱的德行。基于此,希望《加油吧太子——承华事略赏析》开通轻松阅读传统文化的门径,从而使读者了解中国古代教育注重的内容,领略中国古代版画的特色,并对当今家长们的教育理念和孩子们的成长有些许的借鉴。

冯修齐

目 录

出版前言 003	**晋庾亮谏太子好韩非子图**............054
引言 005	**谨习** 057
钦定元承华事略补图·原序............013	汉武帝表章六经图............058
钦定元承华事略补图·表............015	汉元帝材艺图............060
钦定元承华事略补图·提要............017	**听政** 063
钦定元承华事略补图·凡例............019	魏太武帝六辅图............064
广孝 021	**达聪** 069
周文王问寝视膳图............022	唐太宗问魏徵君道图............070
唐明皇宴京师侍老图............025	**抚军** 075
立爱 029	晋里克陈谏守从图............076
商书伊训图............030	汉太子盈监抚关中图............078
汉和帝亲爱图............032	唐太子诵随幸导卫图............080
唐元宗友悌图............034	**明分** 083
端本 039	汉太子骜不敢绝驰道图............084
商太甲复归思庸图............040	唐太子亨易绛纱服制图............086
唐许敬宗建议国本图............042	**崇儒** 089
唐袁楚客书论正本图............044	汉太子庄报书少傅图............090
进学 047	唐太子隆基释奠国学图............093
殷高宗问学甘盘图............048	唐太子诵礼重师傅图............095
汉显宗师事桓荣图............050	**亲贤** 099
择术 053	汉惠帝四皓图............100

唐太宗十八学士图..........103	审官..........153
去邪..........107	唐孙革定青宫官制图..........154
齐邢峙谏食邪蒿图..........108	**元裕宗论承华事略图**..........159
周太公望谏嗜鲍鱼图..........110	**译注后记**..........163
纳诲..........113	**书名的故事**——致读者的一封信......164
晋温峤陈规献箴图..........114	
几谏..........119	
汉太子庄谏上节劳图..........120	
唐太子诵侍宴陈诗图..........122	
从谏..........125	
汉贾谊保傅篇图..........126	
晋温峤进谏执鞚图..........129	
推恩..........133	
齐宣王易牛图..........134	
梁昭明太子仁孝图..........137	
尚俭..........141	
梁昭明太子感瑞图..........142	
唐太宗亲授帝范图..........144	
戒逸..........147	*本书从原文初撰到今人译注,历经各代,结构篇章变化较大,故此目录中从《广孝》到《审官》(标题对应内文页上,取原古籍中相应字样为饰),其下级标题以清人补图的图题为纪,页码标注以补图或王恽相应原文先见者为准。
虞帝舜申命戒傲图..........148	
周元公陈殷无逸图..........150	

钦定元承华事略补图·原序

臣恽谨言：伏以学止虚文，在明时而何补？士传民语，恐小道之可观。俯沥愚衷，仰陈瞽颂。臣诚惶诚恐，叩头叩头。恭惟皇太子殿下，温文海润，孝敬日晖。方丕承天序之时，有历试诸难之命。事统给万几之广，君门邈千里之遥。虽睿足以有临，明足以继照，仁足以及物，智足以周知，复多识于前言，乃益隆于孝治。谨采储闱之事要，庶几贾傅之遗规，倘赐一睹，岂胜至幸。波洋少海，固不择于细流；德表华箴，窃效持于众美。臣恽今所纂集，名曰《承华事略》，凡廿篇，厘为六卷。谨奉笺投进，冒渎严威，无任激切屏营之至，臣恽诚惶诚恐，叩头叩头。谨言。至元十八年十二月囗日，朝列大夫燕南河北道提刑按察副使臣王恽进。

臣恽尝读《文王世子》，贾谊《保傅篇》，二者教养太子之方尽矣。第去古逾远，其典礼有不复行于今者。又伏念殿下春秋鼎盛，以天挺英睿之资，复有不待学焉而后能者。故臣愚虑，敢述其切时近用，可举于今，庶有补于来者，著而为篇。然事有先后，必循序而进。

窃谓孝者，德之本也，唯天子之孝，以宁亲敷教为大，故首之以《广孝》。爱者，孝所生也，惟孝友于兄弟，故继之以《立爱》。孝爱既立，亟当正者，国之本也，故继之以《端本》。本虽端，非学无以成其德，故继之以《进学》。学，不无异端之害，故以《择术》、《谨习》次之。教尊德成，必取正于官，非听政无以验诸用，非达聪无以周其知，故方其《听政》，即以《达聪》继之。国政之外，兵戎为重，故以《抚军》次之。军国事殷，举措之间，恐涉僭误，故以《明分》次之。文武并用，长久之术，故继之曰《崇文》。尚文之实，亲贤为本，然不可不辨其邪正，故《亲贤》后，继之曰《去邪》。正人之言，无匪弘益，故继之曰《纳诲》。虽圣人不能无过，谏而能改，善莫大焉，故先以亲之《几谏》，次以己之《从谏》，思互为儆省尔。至若仁民爱物，非德泽何以加？故预之以《推恩》，德加于民。而俭约逸豫，居上者尤所当尚戒。天下之事无大小，官得人则治，故以《审官》终之。

自《广孝》至《审官》，凡二十篇，厘为六卷。篇有图，俾见古人当时事迹之伟；后有说，以致愚虑循序近用之义。且易于按观，题之曰《承华事略》。臣不自揆涓埃之微，何足以益崇深之海岳？猥以悾悾愚诚，庶千虑一得，或可仰裨储闱万分之一，盖臣素愿也。

臣王恽谨序。

钦定元承华事略补图·表

臣徐郙、李文田、吴树梅、陆宝忠、张百熙、王懿荣，奉敕拟补《承华事略图》并校正讹字，属稿告竣，谨奉表上进者。窃臣郙等于本年七月初二日，奉到懋勤殿发下《承华事略》抄本一册。朱谕："《承华事略》一部，著南书房翰林每段绎其义为图，缮具清单呈览。书中有无讹舛之处，并著查阅。钦此。"臣等斋祓祗承，诚惶诚恐。伏以书分纂注，宋元标经子之门；画列儒先，湘泽传神工之壁。类皆丹青遥托，人物攸分。良由怵目而警心，特重左图而右史。钦惟皇帝陛下，修和庶政，覆帱群生。金甀承欢，媲翠妫之五十而慕；铜签待晓，法苍姬之朝昃不遑。摛奎藻于辰居，润洒帝鸿之砚；诵瑶编于乙夜，勤披天鹿之储。臣等仰觐圣颜，亲聆宝训。谨悉近日于御书房所列旧抄本书内检得此编。巨册辉煌，与魏徵《郑公谏录》相鳞次；前型彪炳，较焦竑《养正图解》为雅驯。喜兹故事之骈罗，宜备几余之浏览。不遗荓菲，无择壤流。巍荡难名，共仰宸衷。冲穆渊涵莫测，弥彰圣学高深。

谨按：元臣王恽，当裕皇居东宫之日，实燕南为副使之官。特撰徽言，上呈鹤禁。其名与《文王世子》相表里，其实与唐宗《帝范》相后先。《启》《序》并称，厘为六卷，篇凡二十，图亦附焉。四库馆开，已登夫《秋涧大全之集》；重华钦定，间采入《储贰金鉴》之编。从来辗转流传，莫睹弛张遗迹。譬彼《书》垂《无逸》，而唐宋璟手翰靡存；《诗》重《豳风》，而赵孟𫖯绘毫已渺。揆诸灿列图书之说，只益曹容；回忆传观宫禁之年，应归完璧。爰遵明诏，勉绎新图。据三十九段之成文，补第四十条于跋尾。取鉴不远，汉武梁之石画常存；作则因心，晋束皙之《笙诗》可补。虽别风淮雨，原书之讹误尚多，而脱简佚文，坊本乃支离已甚。详为是正，志以标题。谨列绨函，复上尘于黼座；重新彩管，犹待诏于睿裁。臣等禁幄叨趋，纶音仰体。樗材自审，惭阎立本之偏长；粉本能摹，俟吴道元之胜事。所愿神光照殿，快睹吹铜御户之征；更欣秘阁刊书，长留累页传心之要。所有校正内府抄本一册，按段绎图一分，谨奉表随进以闻。

钦定元承华事略补图·提要

《承华事略补图》六卷，元王恽撰。恽，《元史》有传，所著《秋涧大全集》一百卷，已见乾隆朝《钦定四库全书总目》卷一百六十六《集部别集类十九》。此书在《大全集》中为二卷。《提要》云与《玉堂嘉话》均有别本单行，以旧本编入集中，今仍并存焉。又《总目》卷八十九《史评类存目一》著录此书为一卷，《提要》云已载所著《秋涧集》中，此后人抄出别行之本。《进书启》称二十篇厘为六卷，今止一卷，亦后人所合并也。

臣等谨按：原《序》自称凡二十篇厘为六卷，篇有图，俾见古人当时事迹之伟；后有说，以致愚虑循序近用之义。且易于按观，是当时所进。按：篇有图当属画册，故为六卷。今所传《秋涧大全集》百卷内，诗文凡七十七卷，此书二卷，副以《中堂事纪》三卷，《乌台笔补》十卷，《玉堂嘉话》八卷，适足百卷。是编入《大全集》内时，无复画图，已并为二卷。至《存目》所称并为一卷者，即所指单行别本，不知为何时摘录，遂使原书卷第几不可寻。如《序》所言，篇有图，后有说，则一说为一图，说为三十九段，图亦应如之，显然可见。试按三十九图分厘六卷，由第一篇《广孝》起至第三篇《端本》止，书三篇，说八段，为第一卷。由第四篇《进学》起至第八篇《达聪》止，书五篇，说七段，为第二卷。由第九篇《抚军》起至第十篇《明分》止，书二篇，说五段，为第三卷。由第十一篇《崇儒》起至第十三篇《去邪》止，书三篇，说七段，为第四卷。由第十四篇《纳诲》起至第十七篇《推恩》止，书四篇，说七段，为第五卷。由第十八篇《尚俭》起至第二十篇《审官》止，书三篇，说五段，为第六卷。逐段有图，正合六卷之数。于当年卷第未知吻合与否？然其书与图并俪，则当时分合之迹犹可想象而得，安得鉴藏书画家传有此图一证明之？今拟按图分卷，以符原书次第之处。伏祈圣鉴，恭候钦定。

钦定元承华事略补图·凡例

臣等谨按：王恽此书凡二十篇，篇各有目。每篇前引古经史所载圣君贤相行事，或一段至三段不等。拟按每段各绎其义为图，刻今式线装本书。每书一叶[1]，图应占前半叶，文应占后半叶。其每段后臣恽云云，是其所自立说，应低前书二格写，自占一叶。每段图半叶，题首拟仿宋元人画册帖签标题式，侧行帖边小字半规，文曰"某代某事图"，作宋体字书。每段文半叶，近接图后，依宋体字写刻本篇本段原文。每段图内所应著名书中之人，拟仿汉石室画象[2]及宋刻顾恺之画《列女传图》式样，依本书原文，旁题小签一规，曰：某人某时某地。

本书为元人所作，国朝季振宜《沧苇书目》中著录《秋涧大全集》内有此书元椠祖本。今刻此图，若仿元椠书式行款，板[3]心上下黑口，双鱼尾，书名在鱼尾中间，四围边阑[4]双线，左阑旁有小珥，记书名数。凡一篇中，每一段为一图，每一图为一叶，共三十九段，为三十九叶。

按：此次发下内府钞本，篇尾有元人附记"元裕宗论承华事略事"一段，为外间传刻本所无。臣等谨拟并补此段为一图于书末，共成四十图，以足之为四十叶整，绎义立说。恭呈御览，伏候钦定。

1　叶：通"页"。类此下同，不一一出注。
2　象：通"像"。类此下同，不一一出注。
3　板：通"版"。
4　阑：通"栏"。

廣孝

022 | 加油吧太子——承华事略赏析

《礼记·文王世子篇》曰：文王之为世子，朝于王季，日三。鸡初鸣而至于寝门外，问内臣曰："今日安否？"内臣曰："安。"文王乃喜。及日中又至，亦如之。及暮又至，亦如之。食上，必在，视寒暖之节。食下，问所膳，命膳宰曰："末有原。"（末，无也。原，再也。无令使先进之物再进，恐臭味恶也）[1]应曰："诺。"然后退。武王帅而行之，不敢有加。

译文：

《礼记·文王世子篇》记载：周文王做世子的时候，每天都要向他的父亲王季问安三次。鸡叫第一遍时就来到王季的卧室门外，问值班的内侍："我父亲睡得好吗？"内侍回答说："睡得好。"文王听了很高兴。等到中午时分，又来到卧室门外问安。到傍晚时分，同样来问安。王季饭食送上的时候，文王必在场，察看冷热的程度。吃过后，文王还要察看菜肴吃过多少，吩咐内侍说："不要进献先前剩下的菜肴。"（末，无。原，再。意思是说，不要把先前进献的食物再次进献，担心食物的味道会变坏）内侍回答说："是。"他才离开。武王则遵循文王的孝行，未敢做得更多。

周文王问寝视膳图

臣等谨绎：此图应画近景，作宫殿一处。中间著一寝门半开半阖。门外著内侍二人拱立阶上，皆寺人[2]冠服。旁依本书原文标题小签，曰"内臣"二字。其一人面向来者，作迎对状。阶前著周代世子冠服一人像，旁题小签双行，文曰"文王为世子时"六字，作卑躬向内侍问答状。身后稍离步许，著未冠孺子一人随行，侍立甚恭，是为武王年幼稚时，旁不著签。阶左著一人，作

---

[1] 括号内文字在《钦定元王恽承华事略补图》中，为小字双行注释。类此下同，不一一出注。
[2] 寺人：中国古代宫廷中任职的近侍等地位低微的人士，多为阉人。"寺"与"侍"通。

小臣冠服，壁立，手捧一鼎作进送状，旁题小签，曰"膳宰"[1]二字。阶下两旁丛树森列，如松柏檿柘[2]之属以点缀之。按：此叶末著武王一人，以应本书尾语"武王帅[3]而行之"句，见圣人大孝，父作子述，帝道遐昌，继继绳绳[4]之义。

后半叶录"《礼记·文王世子篇》"句起，至"不敢有加"句止。

---

1 膳宰：中国古代掌管宰割牲畜和制作膳食的官员名称。
2 檿柘：檿，yǎn，柞树，内皮可做纸，木材坚韧，可做弓辕。柘，zhè，又称黄桑，叶可养蚕，木可为弓。
3 帅：通"率"，遵循，跟从。
4 继继绳绳：绵延不断。

唐元宗[1]开元二年,宴京师侍老于内殿。八十至九十者版授赐爵,及几杖粟帛有差,给一子。侍妇人亦如之。其孝子顺孙终身勿事征防。兵,父母年七十者遣还民。天宝十三载,诏天下家藏《孝经》。

译文:
唐元宗开元二年(公元714年),在内殿宴请京城的侍老,对八十岁至九十岁的老人以白板授予官爵,以及赐予坐几、手杖、粟米、丝织品各多少不等,并给予一名"侍丁"。对待侍妇人也跟对待侍老一样。那些孝顺的子孙终身不用服徭役和兵役,士兵中,如果父母亲年龄达到七十岁的,则可以免除兵役,返乡为民。天宝十三载(公元754年),皇帝颁诏,要求臣民每家都要奉藏《孝经》。

唐明皇宴京师侍老图
臣等谨绎:此段应画近景,作内殿一处,前有庭院。殿中正坐唐朝帝王冠服一人像,旁题小签,曰"明皇"二字。据一长案,案上左右列卷子本书,每三卷为一列,合数列,是为《孝经》。两旁列内侍数十人。庭中右旁列侍老数十人,各席地坐,面前陈设筵宴。领首一人肩上旁题小签,曰"侍老"二字,其人皆作皓首庞眉之状。末著小儿数人侧立,以符"给一子"之义。左旁列老妇数人,与侍老等,末著小儿亦如之,旁题小签,曰"侍妇人"三字,与侍老一签相对,皆笑容可掬。庭前著内侍二人,各分一列,执壶行酒。中列几杖一排,庭中堆积粟若干袋,帛若干束,色色清楚。此段自开元二年至天宝十二年事包括无遗,以见当日推恩颁赐之盛典。

后半叶录"唐元宗开元二年"句起,至"家藏《孝经》"句止。

---

[1] 唐元宗:即唐玄宗。此文清人所撰,此处为避清圣祖爱新觉罗·玄烨的名讳,写为唐元宗。类此下同,不一一出注。

臣恽伏闻殿下天粹元良，日隆纯孝。其问安视膳于两宫之间，与古契者多矣。然于君父之孝，复有当广之者。如承颜顺志，俾圣躬宁于上，庶事康于下，乃臣子孝敬之至。故杨子《孝至篇》云："孝莫大于宁神（谓尊祖考，安神灵也），宁神莫大于宁亲，终于四表之欢心。"如唐之赐爵给帛，孝子勿事征防，亲年及者还民，及诏天下家藏《孝经》，有三王四代养老之遗风焉。岂非德加百姓四表之欢心者乎？惟殿下详览，益广至德。

译文：

臣王恽恭听到殿下是天下纯粹的大德大贤之士，每天都能够增进孝心。那些对皇帝、皇后的问候和关切他们膳食的事，与古代贤孝的太子颇为相似。然而，对君王与父亲的孝行，还应该有更广泛的内容。例如按照尊长的脸色和意志行事，对"上"，使得皇帝神情安定，对"下"，使得百姓安康，这才是臣子孝顺恭敬之道的极致。所以扬雄在《孝至篇》中说："孝敬没有比安定神灵更重要的了（指尊重祖先，使他们的神灵安定），安定神灵没有比使父母安宁更重要的了，最终使得天下的人皆得欢喜。"例如唐代侍老制度赐予老人官爵和绢缎，孝顺的子孙可以不服徭役和兵役，父母亲年龄到了七十岁的士兵恢复庶民的身份，以及颁诏天下各家奉藏《孝经》，有先秦时期养老习俗的余风。这难道不是施恩德于百姓，使天下的人内心欢喜的表现吗？希望殿下详尽观览这些事迹，进一步推广孝敬这种最高的德行。

立愛

《书·伊训》曰:今王嗣厥德,罔不在初。立爱惟亲,立敬惟长。始于家邦,终于四海。

译文:
《尚书·伊训》说:如今将继承王位的太甲的德行,应在继位之初就确立。培养仁爱之心,宜首先仁爱自己的家人;树立敬事的品德,亦从尊敬辈分高、年纪长的人开始。这种美德从家庭中做起,以至于最终推行天下。

商书伊训图
臣等谨绎:此段应画近景,作敞殿一处,不著栋宇、阶砌。殿内正中设一长案,著有鼎彝敦盘爵觯之属。东坐西向,著一商朝冠服年幼帝王像,凭几正坐,旁题小签曰"太甲"二字。西坐东向,著一老臣冠服人秉笏[1]作陈对状,旁题小签,曰"伊尹"二字。冕笏肃然,仪象古穆。无事点缀,以符《书·序》所称《肆命》《徂后》[2]之义。

后半叶录"《书·伊训》曰"句起,至"终于四海"句止。

---

1 笏:中国古代大臣在正式场合双手合执的长板,或用以记事,材质多为玉、象牙、竹。
2 《肆命》《徂后》:传为伊尹所作,用以劝诫年轻的王位继承人太甲如何执政天下、教化人民,以及介绍其祖父商汤的法度规章。

032 | 加油吧太子——承华事略赏析

后汉和帝为太子时,特亲爱兄清河王庆。入则共室,出则同舆。及即位,待庆尤渥。庆或时不安,帝朝夕问讯、进膳,所以垂意甚备。

译文:
东汉和帝做太子时,对兄长清河王刘庆尤其亲近,感情很深。在家常共处一室,外出则同乘一车。到和帝登上皇位时,对待刘庆格外优礼。刘庆身体偶感不适,和帝会早晚探问,送去食品,以表达备至的关怀。

汉和帝亲爱图
臣等谨绎:此段应画近景,作府第内寝一处。堂中著一汉朝冠服帝王像,中立侧身作问视状,旁题小签,曰"和帝"二字。又一人东首,衣被卧床上作不安状,旁题小签,曰"清河王庆"四字。床畔著一长案,列一烛槃[1]及蔬饭各数器。堂前著山石梧竹之景。阶下各著内侍数人,内分二三人各执盘飨作进膳状,以符"关爱扶持,天家友于"之义。

后半叶录"后汉和帝"句起,至"所以垂意甚备"句止。

---

1 槃:通"盘"。类此下同,不一一出注。

034 | 加油吧太子——承华事略赏析

《唐睿宗诸子传》曰：玄宗为太子，尝制大衾长枕，将与诸王共之。睿宗知，喜甚。及先天后尽以隆庆旧邸为兴庆宫。天子于宫西南置楼，其西曰"花萼相辉之楼"，南曰"勤政务本之楼"，帝时时登之。闻诸王作乐，必亟召升楼，与同榻坐。或就幸第，赋诗燕嬉，赐金帛侑欢。世谓天子友悌，古无有者。时有鹡鸰千数集麟德殿廷树，翔栖浃日。长史魏光乘作颂，以为天子友悌之祥。

译文：

《唐睿宗诸子传》记载：唐玄宗做太子时，曾经制作一床特大的被子和一条特长的枕头，准备和各位兄弟王共同使用。唐睿宗知道了特别高兴。到唐玄宗先天年间（公元712～713年），在曾经用作王府的隆庆坊修建兴庆宫。皇帝在兴庆宫的西南方向修建两座楼阁，西边的叫"花萼相辉之楼"，南边的叫"勤政务本之楼"，皇帝经常登临这里。一听到诸位王爷奏乐，就立刻召集诸王到楼上来，在同一床榻上共坐雅集。有时亲临诸王的府第，赋诗宴饮娱乐，并赏赐诸王黄金绸缎等物品以助兴。世称玄宗皇帝友爱兄弟，此前历代未曾有过。当时有数千只鹡鸰鸟聚集在麟德殿前的树林里，飞翔栖息逗留十天之久。长史魏光乘撰写颂文，认为这是皇帝友爱兄弟感动"上天"而呈现的吉祥景象。

唐元宗友悌图

臣等谨绎：此段应画远景。上一层画远树一丛，俱露树梢半截，护以云气。树上半空画多鸟翔集，是为鹡鸰[1]。左界于云气之中微露宫殿一角，是为麟德殿。前一层作为兴庆宫，环以宫墙，分西南二楼。西一楼画斜长

---

1 鹡鸰：jí líng，鸟类中有鹡鸰科，比较常见。体态小，白额黑顶，嘴、翅、尾较长，以昆虫及小鱼为食。

正面，楼有长厦，檐下列唐朝冠服帝王像一人，诸王像数人。又前后两旁皆列内侍，手执各乐器。人物写意，各长寸许，不著须眉，紧细有力。旁题小签，曰"花萼相辉之楼"六字。南一楼面北，只作背面，旁题小签，曰"勤政务本之楼"六字。就中与花萼楼相对，斜画一甬路，上跪一人，冠服，双手捧一卷子作进献状，旁题小签，曰"魏光乘"三字。此图繁细，须半工半写，义乃详尽。

后半叶录《唐睿宗诸子传》句起，至"以为天子友悌之祥"句止。

臣恽切惟父子存乎天性，兄弟谓之彝伦，友爱亲睦，人心之良德也。孔子曰："惟孝，友于兄弟，施于有政。"兹盖言常人以一身齐治，尚先悌于兄长，故能施于政事，矧国之储贰，家有四海者欤？异时将以立爱立敬，睦九族，建宗亲，使维藩维城之势屏翰王室，措天下于磐石之安。不以友爱为本，可乎？故伊尹于太甲嗣位之初，不遑它务，首以爱敬为训。太甲竟能悔过思庸言思念常道也，复为殷之贤君。唐明皇以一念深至，致开元雍熙之化，兹非前世之明效欤！

译文：

臣王恽自以为，父子的伦常符合自然的规律，兄弟友爱则是常理，友善、有情、亲近、和谐是人性格中的美德。孔子说："孝敬尊长，友爱兄弟，还要将这种美德推行到治理天下的事务中。"通常人若以自身齐家治国，宜首先友爱敬重父兄长辈，才能推及国家大事，何况是一国的王储或大臣，甚至是以天下为家的皇帝呢。待其即位，应奉立仁爱谨敬之心，亲睦宗族，册封诸侯，使得藩属地方能够联合起来护卫皇家的利益，再实施德政以示社会安定。如果不以仁爱友善为基础，怎么能达到这样的局面呢！所以，太甲初即位时，伊尹在没有忙于助理其他事务之前，首先告诫太甲要有仁爱和敬畏之心。太甲最终能够从当初的骄奢任性中悔改成尊重常理的状态，自新地成为殷代的贤德君王。唐明皇李隆基也是秉承友悌兄弟的观念，推及政事，而使开元时期呈现天下富余和乐的局面，这难道不是以史为鉴的明显效果吗？

端本

《尚书·太甲下》：伊尹训太甲曰："一人元良，万邦以贞。"

译文：

《尚书·太甲下》记载：伊尹教导太甲说："天子能够贤德圣明，天下的臣民才能正直有操守。"

商太甲复归思庸图

臣等谨绎：此段应画近景，作殿廷一处。殿正中著一商朝冠服帝王像，凭几正坐，旁题小签，双行文曰"太甲复归于亳时"七字。旁列内侍数人，东首，著一元老冠服人，侧对作陈说状，旁题小签，曰"伊尹"二字。左右陈设皆鼎、彝、简、册之类。"复归"、"思庸"，《书·序》本义也。

后半叶录"《尚书·太甲下》"句起，至"万邦以贞"句止。

《唐燕王忠传》：许敬宗曰："本正则万事治。太子者，国之本也。"

译文：

《唐燕王忠传》记载：只有秉承中正的原则，才能顺利地处理各种事务。太子就是国家的根本、世人的表率。

唐许敬宗建议国本图

臣等谨绎：此段应画近景，作殿廷一处。殿中正坐[1]设一屏风，屏前著一唐代冠服帝王像，旁题小签，曰"高宗"二字。案上陈设炉瓶笔砚、卷子本书之属。案前著一儒臣冠服人，跪而执笏，作陈对状，旁题小签，曰"许敬宗"三字。屏风后著一宫人探首向外，作窃听状，微露半面、衣襟一角。殿前阶下著内侍数人，分两行侍立，手执仪仗甚恭。许敬宗此语出《新唐书·燕王忠传》，是召见时所面陈者，与《旧唐书》所上《疏》意符合，实希后旨。然其论自正，故王恽取之。屏后宫人，明施点缀，以露不掩其实之义。

后半叶录"《唐燕王忠传》"句起，至"国之本也"句止。

1　坐：通"座"。

《魏元忠传》：袁楚客曰："夫安天下者，先正其本。本正则天下固，国之兴衰系焉。"

译文：

《魏元忠传》记载：袁楚客说："治国安邦，宜首先确立原则，端正根本。这样才能使社会稳固，国家的兴盛和衰亡均与此有关。"

唐袁楚客书论正本图

臣等谨绎：此段应画近景，作茅屋一处。正中坐一士人，据案作伸笔修书状，旁题小签，曰"袁楚客"三字。环堵萧然，老树数株，闲花一丛。庭中老仆一人，作蹲候送书状，外著短墙一围，衡门半掩。门外著一村童，牵马倚门以待传送状。此段义在陈郡男子袁楚客所贻书以规魏元忠[1]论朝廷十失事，语在《新唐书·元忠传》，《旧书》本传无之。《正本》为书中第一要义，故作楚客执笔初写时事境。

后半叶录"《魏元忠传》"句起，至"国之兴衰系焉"句止。

---

1 魏元忠：唐朝官员，曾出任宰相，为政有得有失。

臣恽谨按：孟轲氏曰，"天下之本在国，国之本在家，家之本在身。"人君者天下之表则，故以一身为天下之本。太子者，国之储副，天命所系属，人心所归向。是本正则国正，国正则百官正，百官正则远迩莫敢不一于正。故伊尹之训太甲，正谓此也。且政者，正也，以正而正不正者也。今殿下方开物成务，作贞万邦，思取法于正者非一，而端本澄源，其可后哉！

译文：

臣王恽恭敬地注解说明：孟子说，"万事万物的根本在于国家的安危，国家的根本在于家族是否和谐，家族的根本在于每个成员的德行。君王的表现是社会的模范，所以，君王本人虽然是一个个体，但是同时也是社会的根本。太子是王位继承人，是"上天"授命，民心所向。所以，君王的行为端正，那么国家就会兴盛不乱；国家制度秉持正统，那么官员们自然廉正遵从；官员中正则无论远近臣民怎敢不趋正行事。所以伊尹教诲太子太甲，正是证实了这种说法。况且，"政"字，从《说文解字》等史料中，原本就是"正"的意思，发音也是"正"。是用正确的方法和表率匡正不正确的事情。如今太子正处于万象伊始、施政之初，端正德行，表率天下，宜从正确的法度和原则之中获得借鉴和方法，而不是一意孤行，应坚持操守，肃清本源，这些事情怎么能滞后呢！

進學

昔殷高宗为王子时，问学于甘盘，及厥德罔显，得傅说而告之曰："尔惟训于朕志。"说曰："王，人求多闻，时惟建事。学于古训，乃有获。事不师古，以克永世，匪说攸闻。"又曰："念终始典于学，厥德修罔觉。"高宗承说之教，至四海咸仰其德。

译文：

昔日殷高宗武丁还在作王子的时候，曾经向甘盘求教，问及自己的德行并不是很彰显的情况。后来，延聘了傅说为臣，并请他训导自己的心志。傅说答道："大王，人们希望掌握更多的学识，机遇到了才能成就大事。借鉴古代的训诫，就会有所收获。如果为人处世、做学问不知效法古圣先贤而能够长久的，我真是没听说过。"傅说又说："想要得到最终的成功，应从进学经典开始，他的德行也会在不觉之中得到修养和提升。"殷高宗秉承傅说的教诲，最终天下四方的臣民全都敬仰他的美德。

殷高宗问学甘盘图

臣等谨绎：此段应画近景，作殿庭一处。东首，著一殷商冠服帝王像，危坐，作告说神情，旁题小签，曰"殷高宗"三字。下著儒冠士夫一人，旁坐，作应对状，旁题小签，曰"傅说"[1]二字。二人为君臣问对之状，神气肃穆，衣冠俱古。旁列内侍三四人，分立阶下。按：本书为高宗告傅说追述旧学于甘盘[2]之事，故不应再列甘盘以符斯义。至标题则仍作"问学甘盘"字识之。

后半叶录"昔殷高宗"句起，至"至四海咸仰其德"句止。

1　傅说：fù yuè，殷高宗武丁时期的大人物，在政治、军事、思想、建筑等领域均为大家，辅佐武丁，实现中兴。为后人所赞颂。
2　甘盘：殷商时期著名的学者贤相，曾传授学问于武丁，据考为甘姓始祖。

050 | 加油吧太子——承华事略赏析

汉显宗立为皇子,师事博士桓荣,学通《尚书》。令荣止宿宫中,积五年。荣上疏云:"太子以聪睿之姿,明达经义。观览古今储君副主,莫能专精博学若此者也。斯诚国家福佑,天下幸甚!"

译文:

汉显宗(即汉明帝)刘庄被册立为太子的时期,曾经以学养颇深的博士桓荣为师,学习通晓《尚书》等经典。请桓荣留宿在宫廷,总共五年的时间。桓荣上奏皇帝说:"当今的太子以其聪颖智慧的资质,能够通晓经典的旨意。纵观古往今来的皇太子和即将即位的王储,没有像他这样能在学识上专注精通和博闻富有学养的。这真是咱们国家的福泽和臣民的幸运啊!"

汉显宗师事桓荣图

臣等谨绎:此段应画近景,作宫殿一处。东首,著汉朝冠服儒臣一人像,侧坐,旁题小签,曰"桓荣"二字。中间列一长案,著竹简书册若干,是为《尚书》百篇,及陈设鼎彝之属。西首,对坐一人,汉朝冠服帝王像,作问答状,旁题小签,曰"明帝"二字。阶前列内侍三五人,或执几杖,或捧酒醴[1],或擎烛槃,夜月当阶,冠裳济济,以符"止宿宫中,师事最久"之义。

后半叶录"汉显宗立为皇子"句起,至"天下幸甚"句止。

---

1 醴:甜酒。

臣恽观自古人君，虽秉聪敏睿哲之资，必由学以成其德者。盖所以究圣政明新之理以正其心术，通古今治乱之源以增其智虑。使圣益圣，明益明，虽比隆唐虞无难。且如射弓学书，一艺也，非习焉尚不能造其妙，况治国平天下之道哉！故傅说告高宗，使终始常在于学，既无间断，则德之所修，有不期然而然者，此之谓也。伏闻殿下屡召儒臣，讲肆经史，进进不已。非惟缉熙光明，抑以仰副圣上训学之意。为国福佑，岂不伟哉！

译文：

臣王恽考察自古以来的君王，虽然有些天赋聪颖、才智俱优，但必须从进学开始，才能最终成就德行。其原因应该是探究了前代皇帝昌明政治的规律从而端正了自己的志趣，遍察古往今来安定和混乱社会的原委，从而增强了辨析和谋略。这样，君主的天赋更加圣明，纲常伦理也更加彰显，即使和唐尧虞舜的理想时代相比，也没什么差异。就比如说弯弓搭箭、读书写字这些，是一种技能，如果不时常练习领悟，还不能达到一定的妙趣和境界，更何况治理国家和平定社会的方法呢！所以傅说对奏殷高宗说，要想终有所得，必须从进学求知开始，如果坚持不懈，那么德行学识会在不知不觉中得到修养和增进，正是证明了这种情况。听说太子经常延请有学养的大臣，摆设讲坛，辩说文史经典，长此以往，不断进步。不但光大了君主的懿德，也符合皇上劝导皇子进学的初衷。是国家的福泽和所倚靠的源泉，真是太伟大了。

擇術

晋元帝立子绍为太子。帝好刑名家,以《韩非子》赐太子。庾亮谏曰:"申韩刻薄伤化,不足留圣心。"太子纳之(太子是为晋明帝)。

译文:

晋元帝册立儿子司马绍为太子。元帝追捧刑名家的学说,遂把《韩非子》一书赐给太子。庾亮劝谏道:"申子、韩非子尖刻薄情,损伤教化,不值得太子您过多留意。"太子接受了这个建议(太子就是晋明帝司马绍)。

晋庾亮[1]谏太子好韩非子图

臣等谨绎:此段应画近景,作宫庭一处。中著晋朝太子冠服一人,无须,旁小签曰"晋太子绍"四字。前设一案,案上著卷子本书二十束,是为《韩非子》。下坐一人,儒臣冠服,手挥麈尾[2]作进谏状,旁题小签,曰"庾亮"二字。阶下列内侍三五人,手俱执麈尾。院中点缀露滴妍花,烟凝修竹,以符"调护青闱[3],敬询端辅"之义。

后半叶录"晋元帝立子绍为太子"句起,至"太子纳之"句止。

---

1 庾亮:东晋外戚,曾侍太子读书。
2 麈尾:拂尘。麈 zhǔ,为文献中记载的一种鹿,尾可做拂尘。
3 青闱:太子居住的东宫。

臣恽按：申韩之学，非惟刻薄而已，且导人君以骄淫放恣。李斯尝以误二世矣，岂可以教储贰者邪？庾亮虽清谈之徒，然斯言则有益于世，故取焉。

译文：

臣王恽之见：申不害、韩非等刑名之学，还不只是不厚道这么简单，还能诱导君主过分骄纵，任意胡为，再用残酷的刑律惩罚那些不妥的事端。李斯就曾经用这种言论和方法贻误了秦二世，怎么能用这些来教导国家的储君呢！庾亮虽然只是擅长论辩的人士，但是他说的这些话，确实对世人有益，所以引用在这里了。

謹習

汉景帝太子彻聪明有智术，好《诗》《书》，善史隶。时窦太后尚黄老言，令太子诸王通读之。太子独能解其意，而心弗好也。每还宫，取儒书名法之术习读之。及初立，即能表章六经，罢黜百家，举用俊茂与之立功。至号令文章，焕焉可述。

译文：

汉景帝的太子刘彻聪颖明智有谋略，喜好《诗经》《尚书》，擅知史事，长于隶书。当时，窦太后推崇道家黄老无为的思想言论，并且责令太子和诸位藩王通晓并研读。太子刘彻是最能理解其中含义的，而他心中并无此好。每当回到太子宫，总是拿出儒家和名家、法家的著作来研修。等到太子初即帝位，就开始提倡儒家的《诗》《书》《礼》《易》《乐》《春秋》等六种经典，并且从官府的角度贬低排斥了除儒家以外的各家学说，举荐良才并为之提供建立功勋的机会。至于颁行的圣旨和昭告天下的律例，更是精彩而值得称道。

汉武帝表章六经图

臣等谨绎：此段应画近景，作宫殿一处。中著汉代冠服帝王像一人，无须，西坐东向，案上陈设鼎彝之属，旁题小签，曰"武帝"二字。左右内侍三四人，正中著一长案接连。东首亦设一长案，案上俱堆积竹简书册数十列，册各有穿，以绳贯之，满著无隙，是为《六经》。庭中著内侍二三人，皆捧持书卷，作进送状，以符"稽古右[1]文，表章经学"之义。

后半叶录"汉景帝太子彻"句起，至"焕然可述"句止。

1　右：通"佑"。

《元帝赞》曰：元帝多材艺，善史书，鼓琴瑟，吹洞箫，自度曲，被歌声，分刌节度，穷极幼眇。及即位，牵制文义，优游不断，孝宣之业衰焉。

译文：

《元帝赞》记载：汉元帝刘奭有很多才艺，尤其擅知史事和书写的方法，他能演奏琴瑟，吹奏洞箫，自己谱曲，配填歌词，分置段落，极尽其细节的微妙。待到他继承了皇位，则为这些雕饰的技艺所牵绊，并且经常游历山水，先帝建立的基业则日渐衰落。

汉元帝材艺图

臣等谨绎：此段应画近景，作宫庭一处。堂上著一汉代冠服帝王像，据案正坐，作倾听状。案上陈设简册书籍、漆笔刀削之属，旁题小签，曰"元帝"二字。左右并设二几，几上陈设中琴、大瑟，排列洞箫等物。堂中著内侍数人，各执乐器，或吹或鼓，作按节度曲势。史称元帝"宽宏尽下，出于恭俭，号令温雅，有古之风烈"，又谓"牵制文义，优游不断"，可见帝王为政务、持大体，若克勤小物，有如汉元，可著为戒。图取此义。

后半叶录"元帝赞曰"句起，至"孝宣之业衰焉"句止。

臣恽谨按：《保傅篇》陈教太子，首以所习为言。盖谓性相近，习相远也。且常人所习，或违远善性，犹云不可，况生长深宫，极于富贵者，可不慎欤！如武帝之黜百家，尚儒术，尊先王之道，知所统守容受，直言好贤不倦，正由谨其所习于初故也。逮其孙孝元习音曲为乐，至牵制优游，不果于断。二君之用心贤否，可不鉴哉！然仁孝礼义诗书射御，乃所习之正也。今殿下仁孝恭谨闻于中外，在移养嗣德之初，能所习皆正，无一念不谨。臣知虽放心快已之事日陈于前，不能夺已成之习，已定之心矣。如此，其于守成持盈何有？

译文：

臣王恽恭敬地注解：《保傅篇》讲述太子的教导，以其通常喜好的习性和谙习的技艺为首要。大概是由于人的本性大致相同，而由于习性不同而各自渐行渐远。并且，普通人所喜好的，如果与善良的本性不相一致，都是不被认同和允许的。更何况生活、成长在远离市井的宫廷，富贵甲于天下的太子，更不可不谨慎行事。像汉武帝那样罢黜百家，独尊儒术，谨遵先王确立的伦常，理解统治秩序中的尺度，能够保持直言不讳的状态，恰恰是由于武帝已经在一开始就恭谨地将这些作为勤习的规范。及至其孙孝元帝以反复奏演乐曲为所好，以至于被游历牵绊了精神，遇事优柔难以决断。两位君王的心志所致的贤德与蒙蔽，怎能不引以为鉴呢！然而仁爱、孝敬、礼教、正义，以及谙习诗文、书法、射箭和驾驭车辆这些习好，都是正道。如今宫廷内外均传闻太子仁爱、孝敬、谦恭、谨慎，在培养树立储君的德行之始，所谙习和喜好的全是正道，没有丝毫不妥之处。为臣虽然放松心情将这些令人愉快的事情当面奏陈，但是还是告诫太子不能失掉已经养成的良德良能，不能动摇已经确立的善意仁心。果能如此，那坚守前朝帝王留与的基业、保持这种美满的状态就不难了。

聽政

元魏太武帝焘少聪明大度。既立为太子，明元帝诏临朝，为国副主。以长孙嵩宿德旧臣，历事四世，功存社稷，奚斤辩捷智谋，名闻遐迩，安同晓解俗情，明练于事，为左辅，坐东厢，西面。以崔浩博闻强识，精察天人，穆观达政要，识吾旨趣，丘堆在公专谨，为右弼，坐西厢，东面。百官总己以听。帝时隐而窥之，听其决断，大悦，谓侍臣曰："以此六人辅相太子，吾与汝曹巡行四境，伐叛柔服，足以得志于天下矣。"群臣时奏所疑，帝曰："当决之汝曹国主也。"

译文：

北魏太武帝拓跋焘自幼聪慧睿智、宽宏大量。被册立为太子之后，明元帝拓跋嗣照令其跟从上朝听政，成为国家的第二大权力拥有者。长孙嵩是四朝老臣，德高望重，为国家立有重大功勋；奚斤则辩才敏捷、足智多谋，远近知名；安同深谙民情，处事练达无私。由于上述原因，延聘此三位重臣作为太子的重要辅佐大臣，位列太子的左手边、东面，向西而坐。崔浩见多识广，目光敏锐；穆观颇得为政要旨，了解君主的用意；丘堆则忠于职守。基于上述原因，聘请他们作为太子重要的辅佐大臣，位列太子的右手边、西面，向东而坐。满朝文武全部听从太子和这几位辅弼大臣的调度。皇帝经常隐藏在旁，悄悄观察上朝的情况，鉴听太子和辅弼大臣的决定，每次都是特别欢喜。于是对身边的侍卫大臣说："有这六位贤臣辅佐太子，我就可以和你们视察远离中央的那些地区了，去讨伐那些敢于反叛的臣民，同时优抚那些愿意臣服的子民。这样治国平天下的宏图大志就能实现了。"大臣们有时候会在奏疏中，请示某些事情该如何办理，皇帝则说："你们去问太子吧，他现在已经能代表我来决断国是了。"

魏太武帝六辅图

臣等谨绎：此段应画近景，作殿庭一处，内正中设一屏风。中著元魏冠服太子像一人，巍坐，旁题小签，曰"太武帝为太子时"七字。屏风后左首露一内侍半身，侧首作偷看状，以寓明元帝在后隐窥之义。东坐西向，列坐大臣冠服三人，俱有须，首一人旁题小签，曰"长孙嵩"[1]三字；次旁题小签，曰"奚斤"[2]二字；再次旁题小签，曰"安同"[3]二字。又西坐东向，列坐大臣冠服三人，俱同上。首一人旁题小签，曰"崔浩"[4]二字；次旁题小签，曰"穆观"[5]二字；再次旁题小签，曰"邱堆"[6]二字。冕笏娴雅，谨厚肃穆，迥出时辈。阶下分东西行，作百官状，俱搢[7]笏拱立为两排，以符"思皇茂则，总己以听"之义。

后半叶录"元魏太武帝焘"句起，至"当决之汝曹国主也"句止。

---

1 长孙嵩：北魏重臣，屡立战功。
2 奚斤：北魏重臣，屡立战功，善言谈。
3 安同：北魏重臣。
4 崔浩：北魏重臣，博才多识，长于谋略，屡立战功，终被倾陷。
5 穆观：北魏名臣，深受倚重。
6 邱堆：北魏太仆，主管车马、畜牧等。
7 搢：jìn，插。类此下同，不一一出注。

臣恽观历代明君，皆令储贰监国政者。正欲移养君体，厌服臣下，审明治道，熟知民事为务。犹圣上今日之付殿下，岂特使经理机务，习熟节目者哉？然政之纪纲，不过审慎官爵，勤恤民隐，明信赏罚，至公无私而已。所谓审官，任贤使能与我图治也；所谓恤民，轻徭薄赋以厚民生也；所谓明信赏罚，使功罪允当，闻者悦服也。诚能如此，虽尧舜之治不是过也。惟殿下留神省察。

译文：

臣王恽考察古代贤德的君王，都是让太子上朝听政并监理国家大事。正是由于这样可以培养和扶植太子将来作为君王所能达到的得体行为，并使群臣膺服，明察事端，合理施治，以熟悉了解民情为当务之急。就像如今皇帝对待太子的态度，难道只是让他参与处理重要事务和熟悉流程？其实，治国之道，应该就是谨慎审查官吏，时常抚恤体察百姓，明确和贯彻奖赏与惩罚的律历，达到公道而不徇私情罢了。这里所说的审官，就是任用贤德有为之士，辅助君王达到稳定的局面；这里所说的恤民，就是减轻徭役、减少赋税，使得藏富于民；这里所说的明信赏罚，就是立功则赏，负罪则罚，奖惩分明公正，使得臣民心悦诚服。如果真能够像上述这样，虽然是唐尧虞舜的理想社会也不过如此了。还请太子关注这些方面，并严格反省借鉴。

達聰

唐太宗问魏徵为君何道而明，何失而暗。徵曰："君所以明，兼听也；所以暗，偏信也。尧舜氏辟四门，明四目，达四聪。（辟四门者，辟四方之门，广致众贤。明四目、达四聪者，谓广我之视听于四方，使天下无壅塞也）虽有共、鲧，不能塞也；静言庸违，不能惑也。故曰：君能兼听，则奸人不得壅蔽而下情通矣。"

译文：

唐太宗向魏徵询问，作为君王，怎么做才能明辨是非，成为明君，因为什么过失又会使之昏聩呢？魏徵答到：君王能够明鉴的原因，是因为能够广泛听取各方言论；至于昏聩的原因，则是由于只听信某些人的观点。尧舜二帝在城池的东、西、南、北都开设了城门，使得各方的声音都能顺利地传入城中，以便听取和分析，达到兼听则明。辟四门的意思，即在东西南北四方开设城门，广泛延揽更多的贤达人士。明四目、达四聪的意思，就是说在势力范围之内扩大君王的信息来源，使得各方言路畅通，不会出现专权擅政的节点。虽然有共工、鲧这样的凶神，也不至于被他们获得致命的控制；虽然平庸的言论用意不良，君王也不至于受到困扰。因此，如果君王能广泛听取各方谏言，那么用心叵测的人士就不能倚仗权势而蒙蔽君王，这样，便于君王及时了解民情民意，从而做出正确的判断。

唐太宗问魏徵君道图

臣等谨绎：此段应画近景，作殿庭一处。著一唐代冠服帝王像，据中巍坐，虬髯丰下，旁题小签，曰"太宗"二字。东首旁坐大臣一人，作应对之状，旁题小签，曰"魏徵"二字。阶下列内侍五六人，执事恭谨。庭中春花余发，夏木低枝，略为点染，以符"访道坐论，君臣契合[1]"之义。

后半叶录"唐太宗问魏徵"句起，至"而下情通矣"句止。

---

[1] 君臣契合：图中表现为唐太宗与魏徵和谐地对话场景。前者的开明与后者的进谏是中国古代自唐以后广为颂扬的君臣关系典范，也是此后历代皇帝和臣民的精神理想。

臣恽谨按：《尚书·舜典》曰"辟四门，明四目，达四聪"，盖人君居九重之深，所闻所见者不过左右前后之事，此舜之所以达聪也。故远听于忠良，则闻所未闻；偏听于左右者，则事多欺蔽。伏惟殿下方毓德春宫，重光华夏，于图治有为之初，达聪广听，似为急务。又《传》曰："审所以听言受事，则下不欺蔽矣。"如中统元年许诸人陈言，亦达聪之一端也。

译文：

臣王恽恭谨地解释：《尚书·舜典》中之所以记载"辟四门，明四目，达四聪"，大概是因为君王深居宫中，所见所闻常常来自近臣，多为身边之事，所以舜帝才广开四门，纳言兼听，以致达到明鉴。所以听取忠臣贤才的言论，才能听到不曾听过的观点；如果只听信于宠臣内侍，那么遇事将有更多被欺骗和蒙蔽的可能。臣下恭敬地认为：时下太子正在东宫修养德行，以使品行得以在宇内发扬光大，在准备治理国家有所作为伊始，宜兼听明鉴，这似乎是最重要的事情。此外，《汉书·晁错传》记载："果真能够广开言路，并采纳进谏，那么臣下也自然不敢蒙骗君王。"正如中统元年（1260年）允许众人直抒己见，也是兼听明鉴的一个实例。

撫軍

《春秋·闵公二年·左氏传》曰：晋侯使太子申生伐东山皋落氏。里克谏曰："太子奉冢祀、社稷粢盛，以朝夕视君膳者也，故曰冢子。君行则守，有守则从。从曰抚军，守曰监国，古之制也。"

译文：

《春秋·闵公二年·左氏传》记载：晋献公派遣太子申生讨伐东山地方的皋落氏。大臣里克进谏说："太子奉命执掌祖先的祭祀和宗庙的各种礼仪，并将成为享用君王膳食的人，因此称为冢子。君王出巡，太子宜留守宫中，执掌国是，如果有可以倚重的留守大臣，那么可以跟从君王出行。太子如果与君王随行，称为抚军，如果留守，称为监国，这是古已形成的制度。"

晋里克陈谏守从图

臣等谨绎：此段应画远景，作戎幕一处。内著一周朝冠服列侯像，据中坐，旁题小签，曰"晋献公"三字。左右列甲士数十人，就中跪地一儒臣冠服人，作陈对状，旁题小签，曰"里克"二字。幕外并著武士环执弓刀。前列一排，作数十武卫，负剑乘马，甲胄在身，各执旌纛戈戟之属，中拥一太子冠服乘马人，旁题小签，曰"太子申生"四字。人皆寸许，不著须眉。近树远山，稍施烘衬。义在"国储出将，军容严整，士马楚楚有致"。

后半叶录《春秋·闵公二年·左氏传》曰"句起，至"古之制也"句止。

西汉《高帝纪》:帝征淮南王布,乃发上郡、陇西车骑,巴蜀材官及中卫,卒三万人。令太子监抚关中。

译文：

《汉书·高帝纪》记载：汉高祖讨伐淮南王英布，就是派遣了上郡和陇西（今甘肃省境内）的车马、骑兵，巴蜀地区（今重庆市、四川省等地）的步兵和中尉，亲自统率三万兵士出征。让太子监国，在关中（今陕西省秦岭北麓渭河冲积平原）抚军。

汉太子盈监抚关中图

臣等谨绎：此段应画远景，作山回水抱，隐然一潼关形胜。中画一关，连山作一带关墙。关城有楼，楼上著人皆寸许，写意，不著须眉，作群将罗列。中拥一汉代太子冠服人像，是为惠帝。关门洞开，内外皆画将士兵戈森布之状。左上空处旁题小签，双行文曰"惠帝为太子监抚关中时"十字。华岳三峰[1]，黄河一曲，酌量意境，以符"青宫[2]监国，不忘武备"之义。

后半叶录《西汉高帝纪》句起，至"太子监抚关中"句止。

1　华岳三峰：西岳华山的落雁、朝阳、莲花三个主峰，气势险峻，常为古今诗文称道。
2　青宫：太子居住的东宫，五行说中，东方为木，尚青，象征生长，此处借指太子。

唐顺宗为皇太子,德宗幸奉天,太子常亲执弓矢,率军后先导卫及戒严,朝夕巡城,传宣、抚慰、督励战士。故感激奋发,气益百倍。

译文:
唐顺宗作皇太子的时候,父皇德宗到奉天(今陕西乾县)出巡,太子亲自手持弓箭,率领军队侍卫开道、护卫并严加戒备,早晚视察城池安全,传达命令,宣布决定,安抚兵士,慰劳部队,监督激励士卒。士兵们因此特别感恩和受到鼓舞,士气振奋,更加意气风发,信心百倍。

唐太子诵随幸导卫图
臣等谨绎:此段应画远景,作帝王巡幸状。山川起伏,长林孔道中,武卫甲士、人马旗帜,楚楚分明,拥护銮舆,是为唐德宗。前驱将士皆骑乘,披甲执兵,中拥一唐代太子冠服人像,策马高立,身佩弓矢,作督率扈卫状,是为唐顺宗。右上空处旁题一小签,双行曰"顺宗为太子随扈[1]时"八字。风贴岩花,沙惊野树,随意刻划,以符"六军严肃,省方无虞[2]"之义。

后半叶录"唐顺宗为皇太子"句起,至"气益百倍"句止。

---

1 扈:随从。
2 虞:忧虑。

臣恽切见圣上往年诏殿下领枢密院事，正古昔抚军制也。每岁车驾巡幸两都，以万乘之富，六军之众，如大猎以军律驱驰，宿卫按羽林环布。殿下躬行扈从，所当齐整军容，抚慰将士，使远忘跋涉之劳，日闻歌舞之乐。天仗所临，宵严昼肃，致銮辂清宁，省方之外，无他轸虑，诚臣子起居之大节也。至于枢府军务，比之先日，尤宜仰留睿算，乃天下安不忘武备之义也。

译文：

臣王恽私下里认为，君王以往各年诏令太子掌管枢密院事务，恰是印证了古代的抚军制度。每年君王御用车马出行上都和大都，车马队伍浩浩荡荡，俨然是用严整的军威扈从重大的狩猎活动，用像汉代羽林军那样的规模环绕护卫驻扎的营地。太子亲自跟从督军守卫，担当起整顿军纪、安抚慰劳官兵的职责，使得将士们虽然远征但忘却了长途爬山涉水的劳顿，每天还能有笙歌乐舞的娱乐环节。君王的队伍有太子的督军扈从，夜间严格宵禁，白天肃穆有序，使得护卫皇帝的车马人员祥和平安，除了视察边疆各属地，没有什么使君王挂念和担心的事情，真是臣下的职责所在啊！至于中央的军事事务，和过去相比而言，太子更应该多加眷顾、运筹谋断，是因为社会虽然安定，但仍然不能忽视以军队武力装备作为后盾的道理。

明分

084 | 加油吧太子 ——承华事略赏析

西汉《成帝纪》曰：帝为太子，宽博谨审。初居桂宫，上尝急召太子，出龙楼门，不敢绝驰道。上迟之，问其故，以状对。上大悦，乃著令太子得绝驰道云。

译文：

西汉《汉书·成帝纪》记载：当汉成帝还是太子的时候，非常宽厚，心胸宽广，做事谨慎周详。刚刚入住东宫时，皇帝曾经因急事召见太子，在从太子宫殿的龙楼门出来的时候，太子没有穿越国家修建的通往各地的国道。皇帝认为太子来晚了，询问原因，太子如实相告。皇帝对这种尊重礼仪的举动特别高兴，于是下命令，允许太子行路穿越国道。

汉太子骛不敢绝驰道图

臣等谨绎：此段应画远景，于远树丛中露宫楼一角，是为桂宫[1]。下寸许作龙楼门，门外砌一甬道，作横亘斜长势，是为驰道。道外著一汉代太子冠服人，乘马，随内侍三四人，按辔[2]徐行状，以符"储宫华重，宽博谨审"之义。右上空处旁题一小签，双行文曰"成帝为太子赴召时"八字。绿槐夹道，剑佩从容，最为胜概。

后半叶录"《西汉成帝纪》"句起，至"得绝驰道云"句止。

---

1 桂宫：汉代宫殿名，在未央宫迤北。
2 辔：pèi，驾驭牲畜的缰绳等。

086 | 加油吧太子——承华事略赏析

《唐肃宗纪》曰：初立为皇太子，有司行册礼。其仪有中严、外办，其服绛纱。太子曰："此天子礼也。"乃下公卿议。萧嵩等请改"外办"为"外备"，绛纱衣为朱明服。乃从之。

译文：

《新唐书·肃宗纪》记载：唐肃宗刚刚被册立为太子时，礼部等相关部门执行与册封有关的礼仪。这些礼仪包括中廷戒严、外朝警备，并穿着火红色的纱质礼服。太子说："这是君王才能配用的礼仪。"于是命令相关大臣商议。萧嵩等上奏皇帝，请示改"外办"为"外备"，减低了戒备的等次，火红色的纱衣也改为边饰黑色、红纱为里的红花金条纱衣。太子采纳了这种方式。

唐太子亨易绛纱服制图

臣等谨绎：此段应画近景，作宫庭一处。中著一唐代太子冠服人像，据案巍坐，作审视状，是为唐肃宗，旁题小签，双行文曰"肃宗初立为太子时"八字。旁列内侍二人。又内侍一人，手擎纱衣一袭，作进御状。旁坐大臣冠服一人，作陈说之状，旁题小签，曰"萧嵩"二字，以符"国储师范，慎定礼制"之义。庭中垂藤著[1]地，鸟踏花枝，一时静境。

后半叶录"《唐肃宗纪》曰"句起，至"乃从之"句止。

1　著：通"着"。类此下同，不一一出注。

臣恽曰：甚矣！名分之不可不明也！何谓名公卿？大夫是也。何谓分君臣？上下是也。一或不正，何止动生悔吝？且有事言不顺之忒，矧太子正名辨分者也。使天下明知储副有尊君卑臣之德，异日抚临万邦，安有干名犯分事言不顺者哉！如汉成之出龙楼门而不绝驰道，肃宗之易绛纱而改服朱明，诚可以为后主之法云。

译文：
　　臣王恽认为，确实，名实相符太重要了，事情的说法和分寸不能不清楚。什么是三公九卿？是那些文官。怎么划分君王臣子？地位尊卑不同。如果一旦有什么名分不正确的，哪里仅仅是常常发生悔恨和耻辱的事情这么简单？而且会发生不能顺理成章的言语和行为方面的谬误，何况是关于太子端正称谓和辨析分寸的大事。应该让百姓们都明确地认识到太子作为君王的继承人，有使君王受到尊敬和使臣下自知分寸的德行，即位时能够统治安定各个地方，哪还能有因侵扰名分、违背分寸而使得言论行为不当的事情发生呢！像汉成帝在作太子的时候，出行龙楼门而不穿越国道，唐肃宗在作太子的时候，礼仪用服装由火红色纱衣改为黑边红色纱衣，这些事情确实应该成为后世太子效法的榜样。

崇儒

汉明帝始为太子,世祖拜桓荣为博士,授太子经,令止宿宫中者五年。荣尝寝疾,太子朝夕遣中傅存问,赐以珍馐帷帐。后为少傅,以太子经学成毕,上疏陈谢。太子报书曰:"庄以童蒙学道,九载而训典不明,无所晓识。夫《五经》广大,圣言幽远,非至精不能与于此,况以不才,敢承诲命。昔之先师谢弟子者有矣,今蒙下列,不敢辞。愿君慎疾,重爱玉体。"

译文:

汉明帝刘庄刚刚立为太子时,世祖刘秀拜桓荣为博士,负责为太子讲授经典,并令其在宫廷中住宿五年。桓荣曾经卧病在床,每天早晚,太子都派遣中傅级别的老师前往慰问,并且赏赐桓荣美味膳食和帏幔幕帐。后来,桓荣担任少傅级别的太子老师,以太子已将经典学习完毕为由,上奏太子,表示想辞退职务。太子回复说:"我从小就开始学习经典,九年之后仍然不太明白很多教诲和道理,没有通晓经义。《诗》《书》《易》《礼》《春秋》等经典涵盖广泛的学术领域,古圣先贤的话也是深邃而有远见,不到极其精深的学问程度的老师不能教授我这些知识,而且我还是才疏学浅,仰承您的教诲。古时候也有老师请辞不教的先例,如今我确实没有什么才学,绝没有勇气同意您的请辞。祝愿您谨慎对待疾病,保重珍惜身体,继续原来的职务。"

汉太子庄报书少傅图

臣等谨绎:此段应画近景,作宫庭一处。栋宇高峻,重门半阖半开,老树数株,缺月斜映。门外著内侍一人,下阶,作迎对之势。阶下著中官一人,手持一束作送书状,旁题小签,曰"中傅"二字。后随中官三五人,或擎帷帐,或奉盘飨珍羞[1]诸物。或二人各提宫烛,作朝夕存问状,以符当时"尊师重道,弥久不衰"之义(如此写出,以免与前《进学篇》第二段图复)[2]。

后半叶录"汉明帝始为太子"句起,至"重爱玉体"句止。[3]

---

1 羞:通"馐"。类此下同,不一一出注。
2 括号内文字,在原书中为小字双行注文。
3 重爱玉体:此书《钦定元王恽承华事略补图》本为"重爱至体",译注者据王恽原文引文校改。

唐玄宗初为皇太子,太极元年,亲释奠于国学。命右常侍褚无量开讲《孝经》及《礼记·文王世子篇》。太子问疑义数条,无量皆依古典以对,微加规讽。太子悦,赐无量物百段,及学官胄子赐各有差。

译文:
唐玄宗李隆基刚刚被册立为太子的时候,是唐睿宗太极元年(公元712年),太子亲自到国家学府进行设宴祭祀的典礼。太子下令右常侍褚无量讲授《孝经》和《礼记·文王世子篇》。太子提出很多疑问,褚无量全部以古代的典籍对答,言语之间,夹带一些规劝讽诵太子的含义。太子听了很高兴,赏赐褚无量众多贵重物品,其他在场的国学教师和在学府学习的官宦子弟等也都得到了或多或少的赏赐。

唐太子隆基释奠国学图
臣等谨绎:此段应画近景,作太学门墙一处,圜桥璧水,与宫观有殊。堂上正中一长案,陈设俎豆[1]祭品等,事以著释奠礼成景象。东首著唐代儒臣冠服一人,据一几而坐,案上陈竹简本书册数帙,是为《孝经》《礼记》之属,旁题小签,曰"褚无量"[2]三字,作陈说之状。西首,著唐代太子冠服一人,侧耳恭听,为唐明皇,旁题小签,曰"太子隆基"四字。阶上西立内侍数人,分行执持束帛缎疋各物。阶下分东西两列,前学官,后诸生,章甫[3]林立,作翘首听讲状,以符"尊重经典,振育人材"之义。

后半叶录"唐元宗初为皇太子"句起,至"赐各有差"句止。

---

1 俎豆:摆放祭品的容器。
2 褚无量:唐代重臣,侍太子李隆基读书,学富五车,为皇家修书。
3 章甫:中国古代礼帽,此处借代图中头戴礼帽的官宦。

加油吧太子 —— 承华事略赏析

顺宗立为皇太子，喜学艺礼。重师，傅见，辄先拜。

译文：
唐顺宗李诵作太子时候，爱好学习礼、乐、射、御、书、术等六艺的礼节。尊重老师，见老师的时候，总是先行拜礼。

唐太子诵礼重师傅图

臣等谨绎：此段应画近景，作宫庭一处。堂上敞列几案，堆积简册书帙多列，及鼎彝笔研[1]之属。阶下著一唐代太子冠服人像，作降阶屈躬向人长揖状，旁题小签，双行文曰"顺宗为太子时"六字。迎面正中路上著一儒臣冠服人，长须，趋进状，旁题小签，曰"师傅"二字，以符当时"见辄先拜，敬礼师儒"之义。偃盖之松，拂墙之树，承露耸霄，点画生意。

后半叶录"顺宗立为皇太子"句起，至"见辄先拜"句止。

---

1 研：通"砚"。

臣恽观明帝之奉书报谢，顺宗之见师先拜，圣上之立国学、教胄子，殿下之选儒士、讲经典，皆以尊师重道故也。然尊其师，必崇其教。夫子之教，尧舜文武之道。尧舜之道，三纲五常是也，夫子修而明之，故为百代帝王之师。切见方今文儒之士关系教化旷而未举者数事。如学校未兴，人材无所育；儒户未复，士风绝于下；孔殿未修，帝师虚其位；袭封未定，祀事乏其主；洒扫未给，祖庭为之芜。如或当行，惟殿下留意其尊师重道之实，光贲千古矣！

译文：

臣王恽考察汉明帝作太子时书信回复桓荣辞谢，唐顺宗作太子时对老师先行拜礼，君王修建国家学府、教授官宦子弟，太子延揽有学养的文人、讲授古代经籍典章，所有这些事情都缘于尊敬老师和注重学问。然而，尊重老师，必然追随推崇老师所教授的学问。孔夫子所教的，是唐尧虞舜、文武周公的学问。尧舜的思想特点，是以天、地、人三种纲领，仁、义、礼、智、信五种伦常为主要内容，孔子将其整理并明确形成体系，因此被称为后代君王的老师。王恽恭谨地认为，当今与文人学子有关的培养、教化，还有一些没有做到的事情。比如没有设立学校，就无法培育栋梁之材；儒生的户籍没有恢复，士大夫的风气不能通达到基层；未修建孔庙，所以供奉皇帝老师的位置还空着。孔子后裔世袭封爵的事宜未确定，祭祀孔子时没有人来主持；没有及时洒水清扫，所以孔子的坟墓显得荒芜。如果这些切实可行，还请太子践行尊敬老师、注重学问的本质，改善上述缺失，而光大声望、名垂青史。

親賢

汉惠帝为太子，招东园公、绮里季、夏黄公、角里先生[1]为客。太子侍高帝宴，四人者从，年皆八十，须眉皓白，衣冠甚伟。上怪问之，四人各以名姓前对。上乃惊曰："吾求公数岁，公避逃我，今何从吾儿游乎？"四人曰："太子仁孝、恭敬、爱士，天下莫不延颈为太子用者，故臣等来耳。"上曰："烦公幸调护太子。"

译文：

汉惠帝刘盈做太子的时候，延揽商山四皓东园公、绮里季、夏黄公、用里先生为门客。太子侍奉汉高祖刘邦宴饮时，四位长老跟从太子左右，他们全部年过八十，头发和眉毛雪白，衣着冠帽非常有气势。刘邦非常奇怪，问他们是谁，四位老人对答了姓名。皇帝惊呼："我请求各位出山多年了，你们总是不答应，如今为什么跟随我的太子优游？"四位长老回答："太子殿下仁爱孝顺、谦恭谨敬、礼贤下士，四海之内没有不期待能为太子效劳的，所以我们也跟从来了。"皇帝说："那麻烦各位高兴来调教和扈从太子了。"

汉惠帝四皓图

臣等谨绎：此段应画近景，作殿庭一处。殿中正坐一汉代冠服帝王像，据长案，案上罗列珍羞、食品、壶觥之属，作筵宴状，旁题小签，曰"高祖"二字。案前著一太子冠服人，屈躬双手奉爵进献状，旁题小签，双行文曰"惠帝为太子侍宴时"八字。两旁列四人，著山人高冠野服、皓首庞眉长须之状。左列：首一人旁题小签，曰"东园公"三字；次一人旁题小签，曰"绮里季"三字。右列：首一人旁题小签，曰"夏黄公"三字，次一人旁题小签，曰"角

---

[1] 此四人即商山四皓，秦代隐士，受汉高祖刘邦的皇后吕雉邀请，齐出深山，向刘邦谏言勿废嫡长子太子刘盈（汉惠帝）。角：通"甪"，lù，甪里，复姓。

里先生"四字。阶下列内侍两排，各四五人，分执壶、盘、觞、豆种种器皿状。古服新装，神情焕发，以符"左右前后，忠正贤良"之义。

后半叶录"汉惠帝为太子"句起，至"烦公幸调护太子"句止。

元稹《教本书》云：唐太宗为太子时，引有道德者十八人为学士（杜如晦、房玄龄、虞世南、褚遂良、姚思廉、李玄道、蔡允恭、薛元敬、颜相时、苏勖、于志宁、苏世长、薛收、李守素、陆德明、孔颖达、盖文达、许敬宗）。虽闲宴饮食，十八人皆在。上之失无不言，下之情无不达。不三四年而名高盛古，斯游习之致也。

译文：

元稹《教本书》记载：唐太宗李世民作太子时，邀请十八位德高望重的先生为文学馆学士，讨论典章文化。他们是杜如晦、房玄龄、虞世南、褚遂良、姚思廉、李玄道、蔡允恭、薛元敬、颜相时、苏勖、于志宁、苏世长、薛收、李守素、陆德明、孔颖达、盖文达、许敬宗。即使是闲暇餐饮的时候，这十八位贤士也都在场。他们对于皇帝的过失直言不讳，对于民情也及时禀告。没有三四年的功夫，他们就声名鹊起，可与古人相似的盛况比肩，这都是能够礼贤下士，致使其结交优游并经常聚会讨论的结果啊。

唐太宗十八学士[1]图

臣等谨绎：此段应画近景，无须点缀。按：宋明以来画院所作《登瀛图》，辗转临摹，几成俗调。唐阎立本所作"十八人"画像石本、临本，不少流传，衣冠眉目，当时对坐写照，惟妙惟肖。今应取阎立本画像摹本，仿临十八人于一幅中，分作三列，每一列六人，参差排比。一二两列，例见半身，第三列并见全身，俱作同行状。第一列：首一人旁题小签，曰"虞世南"三字；次曰"蔡允恭"；次曰"颜相时"；次曰"许敬宗"；次曰"薛庄"；次曰"杜如晦"。第二列：首一人旁题小签，曰"房元龄"；次曰"于志宁"；次曰"苏

---

[1] 唐太宗十八学士：即后文中所列十八人，是李世民早期延聘的著名文臣谋士。

壹";次曰"褚亮";次曰"姚柬";次曰"陆元朗"。第三列：首一人旁题小签曰"孔颖达";次曰"李元道";次曰"李守素";次曰"盖文达";次曰"苏旭";次曰"刘孝孙"。[1]次序装束，一从阁本，无一著空，雍容大雅，见一时延揽际遇、人材济济之盛。

后半叶录"元稹《教本书》云"句起，至"斯游习之致也"句止。

---

[1] 图中及清人绎义文字中所示"十八学士"姓名，与王恽原文有差。两组姓名中，涉及这十八位名臣的名、字，及其避讳字、误作字等。

臣恽伏观自昔茂建元良，所以属民望，植国本，故必妙选老成耆德忠正贤良之士，使左右前后朝夕纳诲，蕴崇其德，而况圣上预付殿下以万机之重哉！其所急者，莫亲贤为最。譬如作室，小大之材，须积以岁月，然后栋梁榱桷随济厥用。不然，顾虽一木或阙，终不能就其室，况治天下之广居乎！尝闻圣上龙潜至于御极，二十年间，百色之人，远召明扬，旁及草野，一旦置诸庶位，小大随材，曾不乏用。以致昭丕天之业，开一统之基，虽圣神广运亦被驱策者，有所效耳。其观志继行，正在今日。惟殿下留意。

译文：

臣王恽恭谨地考察古代那么多大德纯粹的人士，之所以能够符合民众的期待，扶植国家的根本，多是因为巧妙地选取了道德高尚、忠诚正直、贤哲良能的人士，并让他们陪伴在自己的身边，能够经常听到并采纳他们的教诲，积累尊崇他们的德行，何况是皇帝把国家的未来和重任已经托付给太子了呢。太子当务之急，莫过以礼贤下士为先。这就像建造房屋，不管木材大小，都需要历经岁月长成，才因梁、檩、门臼（承托门转轴的臼状物）、门橛（古代竖在大门中央的短木）等不同的需求而各得所用。如果不是这样，即使只缺少一段木材，最终也不能建成一栋房屋，况且是治理国家这么大的"宫室房屋"呢。曾经听说皇帝从作皇子到登基，二十年的时间里，各种各样的人，只要是贤能的，都被延揽在身边，边远地区和下层的贤士也得到任用和颂扬，这些人一旦给予一定的位置，则人尽其才，各有所用，人才济济，源源不断。使得帝王的丰功伟业得以宣扬，并形成天下一统的基业。即使是神通广大的"神明"和好运也都随之而来，护佑帝王。考察这些伟大的志向和实践这些成功的行为，正好从现在做起。还请太子关注明察。

去邪

邢峙仕高齐，为四门博士，以经授皇太子。厨宰进食，菜有邪蒿者，峙令去之，曰："此菜有不正之名，非殿下所宜食。"文宣闻而嘉之，赐被褥缣纩。

译文：
邢峙在北齐做官时，担任四门博士，教授太子儒家的经典。主管膳食的官员送上食物，有道菜肴名叫"邪蒿"。邢峙命令将其撤下，并说："这道菜有不端正的名字，不是太子应该吃的东西。"文宣皇帝高洋听说此事，嘉奖了邢峙，赏赐他被褥、细绢和丝绵等物品。

齐邢峙谏食邪蒿图
臣等谨绎：此段应画近景，作宫庭一处。堂中著一长案，案上罗列珍羞、食品、盘盂之属。案旁作书架，罗列卷子本书数十轴。案前立一人，为北朝太子冠服，作倾听状，旁题小签，曰"齐太子殷"四字。对立一人，著儒臣冠服，有须，作指说状，旁题小签，曰"邢峙"二字，以符"亲近贤良"之义。又小臣冠服一人，屈膝著地，双手奉盘，盘内盛蔬菜，作进食状，旁题小签，曰"厨宰"[1]二字。阶前著内侍数人，分执壶觞。又对西著初来中官数人，或负被褥，或执缣纩[2]数束趋进，翼如也。阶下著邪蒿数丛，有风吹斜偃之势，以实其意。

后半叶录"邢峙仕高齐"句起，至"赐被褥缣纩"句止。

---

1 厨宰：掌管膳食的官吏。
2 缣纩：jiān kuàng，细绢、丝绵。

110 | 加油吧太子——承华事略赏析

贾谊《书》：周文王使太公望傅太子。及嗜鲍鱼，而太公弗与，曰："礼，鲍不登俎。岂有非礼而可以养太子哉！"

译文：

贾谊所著《新书》中记载：周文王派姜太公担任太子的师傅。太子爱吃鲍鱼，姜太公不给，说："按照礼仪，鲍鱼是上不了台面的。哪能用这种不合乎礼仪的东西来奉养太子，让太子来吃呢！"

周太公望谏嗜鲍鱼图

臣等谨绎：此段应画近景，作宫庭一处。堂中著周朝太子冠服像一人，据案东坐，案上陈列鼎彝俎豆，各盛食品，旁题小签，双行文曰"武王为太子时"六字。对面西坐一老臣，冠服、须眉俱古，作指说状，旁题小签，曰"太公望"[1]三字。堂上，案前作一小臣冠服人跪进食品状，双手奉一豆，豆中盛一槁[2]鱼。阶下著内侍数人，分执尊罍[3]。又武士数列，戈戟森然，作宿卫状，以见当时"赞翼皇储，圣功养正"之义。

后半叶录"贾谊书"句起，至"岂有非礼而可以养太子哉"句止。

---

1 太公望：姜尚，姜太公。
2 槁：gǎo，干枯。
3 罍：léi，盛酒水的器皿。

臣恽按：二者食物之微，古人之养太子，皆却而不进，其严如此。矧邪枉不正之人所宜近哉！故司马光曰："太子之教，虽前后仆从，亦必孝悌端良之士。"诚有旨哉！

译文：

臣王恽注释：这两种食物都不是什么大不了的，古代奉养太子，却都被推却而不能进献给太子，那种礼数这么严格。况且邪佞、曲枉、路数不正的人怎么能够接近呢！因此司马光说："教育太子，即使是其身边的随从杂役，也必须是孝敬、友爱、正派、贤良的人才行。"确实是很中肯的。

納
誨

晋元帝立子绍为皇太子，以温峤为中庶子，深见宠遇，与为布衣之交。峤数陈规诲，甚有弘益。又献《侍臣箴》，其略曰：无以处极，利在永贞。思有虞之烝烝，遵周文之翼翼，晨昏靡违，夙兴晏息。师傅是瞻，正人在侧。屏彼佞谀，纳此亮直。稽古训导，惧道未融。造膝诡辞，咎将蕴崇。鉴于九二[1]，天禄永终。太子皆嘉纳焉。

译文：

晋元帝立司马绍作太子时，温峤担任老师——中庶子，受到太子特别的恩惠和礼遇，二人交往很深。温峤多次进行过奏陈规劝、教诲，太子受益匪浅。温峤又向太子进献《侍臣箴》，其中大意记载：什么事情都不要做到极致，这样才能保持坚定不移。念念不忘虞舜厚德之美，常常遵循文王恭谨的言行。从早晨直至黄昏都不违背，宜从晨起开始直至晚上才可暂歇。以老师的言行为榜样，延聘品行端正的贤者在身旁。摒除那些居心叵测之人的阿谀奉承，听从贤德老师睿智正直的谏言。考证研究古代的经验指导，唯恐没有将那些思想融会贯通。促膝而谈那些混淆是非的话，其过错将是豢养了小人。这样才能体察到君王的德行，使得"上天"赐予的福禄能够长久。对于这些内容和思想，太子全部高兴地采纳了。

晋温峤陈规献箴图

臣等谨绎：此段应画近景，作宫庭一处。堂上周设长案，罗列卷子本书多轴，缥缃[2]充积，古意盎然。东面，著一晋代太子冠服人，作鹄[3]立正听状，

---

[1] 九二：卦爻位名。《易·乾》："九二，见龙在田，利见大人。"比喻君王的德行泽惠天下。
[2] 缥缃：piǎo xiāng，青黄色、浅黄色，借指书卷。
[3] 鹄：hú，水鸟，体形较大，叫声洪亮，以植物、昆虫为食。

旁题小签，曰"晋太子绍"四字。西面，著一儒臣冠服人，双手奉卷子一轴，作进献状，旁题小签，曰"温峤"二字，是为献《侍臣箴》。阶下内侍两三人，俱作侧立状，甚恭。庭中老树著花，云收风送，随意点缀。

后半叶录"晋元帝立子绍为皇太子"句起，至"太子皆嘉纳焉"句止。

臣恽按：晋太子绍初在东宫，以《韩非子》不足留心，已从庾亮之言。复纳温峤箴规，至多弘益，故能遇事损益（谓止建西池楼观也），不妄举动（谓劝不亲征王敦也）。宜其号两晋贤明之主，良可鉴也。

译文：

臣王恽注释：晋太子司马绍刚刚入主太子宫时，认为《韩非子》不足给以足够的关注，已经听从了庾亮的建议。后来，又采纳温峤的规劝，并且更多地受益，因此遇到事情能够自如妥当地处理（指停止修建西池楼观的事件），不会轻举妄动（指接受劝谏没有亲征王敦的事件）。可以把司马绍奉称为两晋时期贤德智慧的君王，实在是后世可以引以为鉴的榜样。

幾諫

东汉《光武纪》曰:帝每日视朝,日昃乃罢。数引公卿郎将讲论经理,夜分乃寐。皇太子见帝勤劳不怠,乘间谏曰:"陛下有禹汤之明,而失黄老养性之福。愿颐爱精神,优游自宁。"帝曰:"我自乐此,不为疲也。"

译文:

《后汉书·光武纪》记载:光武帝每天上朝,到日落时才退朝。几次诏令文武百官讲解和辩论经典和义理,直到半夜才睡。太子见到皇帝如此勤恳劳顿也不懈怠,找个机会进谏说:"皇帝拥有大禹和商汤那样的睿智和通达,但是没有黄帝和老子那样培养性情的清福。希望您能保养爱护神志,悠闲自在,内心安宁。"光武帝说:"我自得其乐,不觉得疲劳。"

汉太子庄谏上节劳图

臣等谨绎:此段应画近景,作殿庭一处。庭中列庭燎[1]数炬,中官数人。阶下列公卿郎将数人,分左右排立,龙蛇振动,戈戟森列。堂上著一汉代帝王像,据案中坐,案上列汉雁足镫[2]二器,旁题小签,曰"光武帝"三字。案前著一太子冠服人,作跪而进言状,旁题小签,曰"太子庄"三字。庭中斜月高悬,宫漏[3]夜永,签石弗辍,以符"至孝蒸蒸,周旋规切"之义。

后半叶录"东汉光武纪曰"句起,至"不为疲也"句止。

---

1 庭燎:中国古代放置在门内照明用的火烛。
2 雁足镫:如图所示,光武帝前案上的两件雁足灯。
3 漏:中国古代计时用的沙漏。

122 | 加油吧太子——承华事略赏析

《唐顺宗纪》曰：顺宗为皇太子，侍宴鱼藻宫。德宗欢甚，顾太子曰："今日何如？"太子诵《诗》"好乐无荒"以对。及裴延龄、韦渠牟用事，世皆畏其为相，太子每候颜色，陈其不可。故二人卒不得用。

译文：

《新唐书·顺宗纪》记载：唐顺宗李诵作皇太子时，在鱼藻宫陪父皇用餐。德宗特别高兴，回头对太子说："今天怎么样？"太子吟诵《诗经》"喜好快乐但不应该荒废职责"这句对答。缘起是裴延龄、韦渠牟为皇帝倚重，但臣民均担心，畏惧他们出任宰相，太子常观察皇帝脸色，在适当的时候谏言此事不可为。所以这两个人最终也没有被任命为宰相。

唐太子诵侍宴陈诗图

臣等谨绎：此段应画近景，作宫殿一处。栋宇高耸，轩窗精雅，宝炬数列，清丽有光，是为鱼藻宫。中间著一唐代帝王像，据案欢宴。案上罗列珍羞盘盂多品，两旁杂以宫姬、中官，分执壶觞乐器诸物，旁题小签，曰"德宗"二字。复列一案，西立向东，案上亦列食品数器，空坐无人。案右著一太子冠服人，作下位陈对状，旁题小签，曰"太子诵"三字。庭中西下，著大臣冠服二人，作相对促眉愁恨状。一旁题小签，曰"裴延龄"；一旁题小签，曰"韦渠牟"。宫树偎花，适意疏列，以符"随时赞陈，发于至孝"之义。

后半叶录"唐顺宗纪曰"句起，至"二人卒不得用"句止。

臣恽切惟子事父母，有承顺从令而已。其或政令之非便，举动之过差，而内发至诚，远征古义，周旋规切，达其善而已。若谏之甚则伤恩，义非臣子之所安。故孔子以几谏为言，曾参以不逆为善。又《传》曰：亲有过，子则降气怡色，柔声以谏。如明帝以颐爱而劝光武，顺宗以无荒而对德宗，其于父子之间可谓得几微规谏之理矣。臣特表而出之，伏惟殿下详览，以光子道。

译文：

臣王恽私下里认为：儿子孝顺父母，应该是顺从父母的意志。但涉及政令制度不是很方便，虽言行有所不当，只要是发自肺腑的赤诚，上溯到古代的依据，委婉地劝诫，只是为了表达善意的目的。如果劝诫过分了则伤害父母的恩情，也不是作为臣子所能安心的。所以孔子的观点是劝诫要委婉，曾子也以谏言不至于忤逆对方为理想状态。此外，《传》记载：父母有过失，子女应当平心静气、和颜悦色并柔声细语地劝诫。就像是汉明帝用调养神情作为理由劝诫光武帝，唐顺宗以不能荒废职责为由劝诫德宗皇帝一样，这些事例在父子两辈人之间，可以说是合乎委婉规劝谏言的原则的。我现在特地将这些事情表明提出，就是想请太子您仔细考察理解，从而光大作为晚辈的德行。

從諫

汉贾谊《保傅篇》曰：太子既冠，成人，免于保傅之严，则有记过之史、彻膳之宰、进善之旌、诽谤之木、敢谏之鼓。瞽史诵诗，工诵箴谏，大夫进谋，士传民语。习与智长，故切而不愧（谓习闻规诲，与智俱长，故谏之虽切，亦能受之而不愧恨也）；化与心成，故中（去声）道若性（言教化与心俱成，故所为皆合于道，如性自然也）。

译文：

汉贾谊《保傅篇》记载：太子已经历行了加冠的礼仪，是一个成年人了，可以免除太保、太傅的严格管束，但从此将在身边设置记录过失的史官、遇灾变时按例裁减膳食的官员、供人进谏善言所立的旌幡、检举恶事可以书写的木牌、百姓若敢于进谏的可击之鼓。乐师与史官负责讽诵诗篇，乐官诵读格言警句，专职大夫负责进献谋略，士族等负责上传百姓的言论。习性与智慧共同增长，因此即便听到很尖锐的谏言也不会心生惭愧（这是指听闻谏言与教诲已经成为一种习惯，而且伴随智慧一起进步，所以谏言虽然恳切严厉，采纳起来也不会有惭愧悔恨等不良的心理状态）。日常的教诲已经融汇在心理和习惯之中，因此听从规劝、遵循原则已经形成了性格特点（这是指教诲已融汇成心志，共同推进，所以所作所为全都能合于原则义理，就像是自然天成的一样）。

汉贾谊保傅篇图

臣等谨绎：此段应画近景，作宫庭一处。正中著一汉代太子冠服人，据案端坐。案上陈设竹简本书数列，左右两旁著内侍各三人，鹄立恭谨。庭前左列旌旗一架，旁题小签，曰"进善旌"三字。右列鼓一架，旁题小签，曰

"敢谏鼓"三字。又列木牌一具，有架如旌鼓，同作如今桔槔[1]形者，旁题小签，曰"诽谤木"三字。阶下分东西列，一列三人。东列，首一人作儒臣冠服侍立，手执笔与简册二物，旁题小签，曰"史"一字。次一人作士人冠服，合目作瞽者状，旁题小签，曰"瞽史"二字。又次一人作士人冠服，手执乐器，旁题小签，曰"工"一字。西列，首一人作儒臣冠服，拱手侍立作陈说状，旁题小签，曰"大夫"二字。次一人作士人侧首上向作传语状，旁题小签，曰"士"一字。又次一人作小臣冠服，手奉一鼎作撤食状，旁题小签，曰"膳宰"二字。济济英多，无须点缀，以符"讽诵辅导，预崇懿德"之义。

后半叶录"汉贾谊《保傅篇》"句起，至"故中道若性"句止。

---

[1] 桔槔：jié gāo，汲水工具。

晋明帝在东宫时，太子起西池楼观，颇为劳费。中庶子温峤上疏，以为朝廷草创，宜应俭以率下，务农重兵，太子纳焉。及王敦举兵内向，太子将自出战。峤执鞚谏曰："臣闻善战者不怒，善胜者不武。如何万乘储副，而以身轻天下！"太子乃止。

译文：

晋明帝司马绍居住太子宫时，要修建西池等楼宇建筑，劳役及费用所需颇多。担任中庶子职位的太子老师温峤上奏谏言，认为本朝刚刚建立，应该行为节俭地做天下的表率，要发展农业，重视军事，太子采纳了这些建议。等到王敦率兵叛乱，攻向国都的时候，太子准备亲自出征迎战。温峤拉住太子的马笼头进谏说："我听说擅长打仗的人，不会轻易动怒；善于打胜仗的人，也没有亲自动手比武。何况是堂堂大国的储君，怎么能把自己的躯体看作轻于国家社稷呢！"于是太子就纳谏停止亲征。

晋温峤进谏执鞚图

臣等谨绎：此段应画远景。上层作一宫阙楼观状，以云树护之，止露上截。左首下作一池塘，周回之势，都在云气树林之内。隔少许地作一野路人，皆寸许，作旌旗、戈矛、甲士、人马拥护状。尽[1]前著一晋代太子冠服人，策马当先却立，旁题小签，双行文曰"明帝为太子时"六字。野草平冈，雄心逸气。马前著一儒臣冠服人，立地，手执鞚[2]绳作拦阻状，弼谐审谕，慷慨动听，旁题小签，曰"温峤"二字。见当时纳谏从诲，深心向道之义。

后半叶录"晋明帝在东宫"句起，至"太子乃止"句止。

---

1 尽：jǐn，最。
2 鞚：kòng。

臣恽以太子甫冠，处深宫供子职，而谊之说防闲讽诵之严如此其备，似为过论。然以宗社储贰言之，意在驯致涵养，预崇懿德，异时重华继照。使易于从谏，然后知古人念虑何深且远哉！况殿下春秋鼎盛，当监国听政之初，仁孝贤明闻于中外，欲虚己听言，敛天下之明以为己明，取众人之善以为己善，诚不难矣。

译文：

臣王恽认为，太子虽然刚刚历行了加冠的成人典礼，但还住在宫禁之中，尽力做好当儿子的职责，而贾谊关于防范闲散、劝诫奉诵的言论，好像过于严格了。但是对于国家社稷的继承人而言，这些用意是在训导太子，达到包容、提高修养，提早树立起深厚美好的德行，等到登基的时候能够像古圣先贤那样以高尚的道德继续普照天下。让太子感觉采纳谏言是件容易的事情，此后才能认识到古代圣贤的理念和考量是多么深刻和长远。而且太子正值英华盛年，如果在开始监理国家事务和旁听朝政的时候，仁爱、孝敬、贤良、睿智的名声就能远近闻名，那么虚怀若谷地吸纳良言，聚敛海内贤明人士加强自身的明鉴，广取各家的善行塑造自身的德行，真不是什么难事啊！

推恩

齐宣王坐于堂上，有牵牛而过堂下者。曰："牛何之？"曰："将以衅钟。"王曰："舍之，吾不忍其觳觫，若无罪而就死地。"曰："然则废衅钟与？"曰："何可废也。以羊易之。""王若隐其无罪而就死地，则牛羊何择焉？"曰：无伤也，是乃仁术也，见牛未见羊也。今恩足以及禽兽而功不至于百姓者，为不用恩焉。老吾老以及人之老，幼吾幼以及人之幼，天下可运于掌（言治天下其易如物转运于掌上）。《诗》云："刑于寡妻，至于兄弟，以御于家邦。"言举斯心加诸彼而已（言文王自正其适妻，至于兄弟，至临御家邦，皆举己心加于人而己）。故推恩足以保四海，弗推恩无以保妻子。古之人所以大过人者，无他焉，善推其所为而已矣（大过人者，谓大过强于人，无他事，能推其所为恩惠耳）。

译文：

齐宣王坐在厅堂上面，有个人牵着牛从庭前走过。齐宣王问："牛是要牵往何处？"回答说："将用它的血涂抹钟的缝隙用来祭祀。"齐宣王说："放了它吧，我不忍心看它吓得哆哆嗦嗦的样子，就像是没有犯罪而被处死。"回答说："那就把祭祀钟的这件事废除了吧？"齐宣王说："那哪能废除呀。用羊代替去祭祀。""大王如果恻隐没有犯罪而被处死这件事，那干嘛还选择牛还是羊啊？"笔者认为：那也没什么，这是仁慈的方法，因为看见牛这么可怜，而没见到羊啊。如今恩泽多到能够推及飞禽走兽，而功德却不能涉及平民，那是因为没有实行恩惠的政策。孝敬自家的老人而推及孝敬别的老人，疼爱自家的孩子而推及疼爱别的孩子，社稷国家的治理就会如同在手心上摆弄物件那么容易（这是说治理国家的容易程度，就像在掌心摆弄物件）。《诗经》记载："周文王以自己高尚的道德作为妻子兄弟的榜样，进而推及管理家族和统御天下。"这是说用对自己的感受和行为推及别人（指的是周文王以自己的端正行为作妻子的榜样，同时推及兄弟，以至于齐家、平天下，全是把自己的心性感受推及别人罢了）。因此推广恩惠政策完全能够保证国家稳定，不推行这种方式，连自己的妻子儿女也难于管理。古代圣贤能够超越常人的功绩，也没什么别的，无非就是善于将心比心、推己及人罢了（大过人的意思，是说很大程度上超越常人，不是什么其他的本事，是能够推行恩惠的政策罢了）。

齐宣王易牛图

臣等谨绎：此段应画近景，作宫庭一处。堂中著一周朝诸侯冠服人，旁题小签，曰"齐宣王"三字，巍坐堂上。两旁内侍数人，左右分列。庭外西偏，著一钟楼。去庭稍远，只左角露一半面，疏棂[1]敞启，内著一钟。堂下著一牧人，野服，手牵一牛，斜立西向，往钟楼一面著力状。古木惊风，金络掣电，作势觳觫[2]，如使韩滉、戴嵩[3]当前，无复神理，以符"不忍无罪"之义。

后半叶录"齐宣王坐于堂上"句起，至"善推其所为而已矣"句止。

---

1 棂：líng，中国古建筑栏杆或窗上的木格。
2 觳觫：hú sù，恐惧的样子。
3 韩滉、戴嵩：唐代著名画家，均擅绘牛。

梁昭明太子统孝谨天至，宽和容众。闻百姓赋役勤苦，户口未实，辄敛容色，重于劳扰。宫臣有老父母者，常遣存问，岁时加赐珍膳衣服。又见后阁小儿摊戏，属有狱牒摊者法：士人结流，庶人徒。太子曰："私钱自戏，不犯公物，此科太重。"令刑上三岁，士一人免官。或霖雨积雪，令行视闾巷，出襦袴以施贫冻。平断法狱，多所全宥，天下称其仁。

译文：

梁代昭明太子萧统禀赋孝敬恭谨、宽厚敦睦、包容民众。听到老百姓上缴税赋和承担徭役非常辛勤劳苦，户籍和人口不相符合，表情就严肃起来，认为百姓的负担过于繁重。对宫中大臣年长的父母，经常派人存恤慰问，每到年节额外赏赐珍贵的膳食和衣裳服饰。又见到后面房屋里小孩在玩儿赌博的游戏，确实有明令法律规定，士族赌博株连流放，平民赌博入狱为囚。太子说："用自己的钱小范围娱乐，没有侵犯公共财产，这种法律过于严苛。"于是下令处罚三年即可，士族赌博本人免去官职。遇到连天阴雨或雪后不化，太子则下令出行巡视街衢巷陌，取出衣裤分发给贫苦受冻的灾民。每当审理判定刑事案件，大多会减缓处罚，臣民广为称颂太子的仁德。

梁昭明太子仁孝图

臣等谨绎：此段应画近景，作宫庭一处。堂中著一南朝太子冠服人，作促眉愁叹状，离案正立，旁题小签，曰"昭明太子统"五字。迎面内侍二人，作跪地申谢状，一双手奉珍羞一器，屈膝不拜，一俯首向地，肩上捆负寒衣一袭，以符"存问"、"加赐"之义。庭西偏左角，著数小儿周围坐地作摊钱戏状，钱皆圜法散布地上。东偏著内侍二人，面外向，作趋出状，两人肩上各负一袱，作包裹襦袴状。庭中老树干枝，不著一叶，冻雀数十缀之，以象岁晚天寒，回风舞雪时境。

后半叶录"梁昭明太子统"句起，至"天下称其仁"句止。

臣恽伏见圣上近年为征役烦重，例减差徭；山东被灾，溥加赈济；殿下日者虑系囚淹滞也，减杂罪而轻之；念鳏寡困苦也，发廪粟以济之。是皆德泽鸿庞者也。今殿下朝夕听理之事，无非生民之利病、时政之得失，怀保惠和，日深一日。推是心而至于极，又何独哀庶狱之无辜，见衅牛之不忍哉！若广采博听，因利而利，当更而更者，宽得一分，民受一分之赐矣。昔唐顺宗处储位日，每进见德皇，必有谏说，未尝懈倦，故天下阴受其赐者二十余年，正以推此心加诸彼而已。

译文：

臣王恽恭谨地看到皇帝近些年来因为征伐兵役繁重，照例减免了差役和徭役。山东地方受到灾荒，则广泛发放救灾用品。太子每天思虑的是狱中囚犯越来越多，就减除他们所犯的不重要的罪责，只惩罚其重要罪行，以使得囚犯能因减轻了罪责而早日出狱。考虑到失去配偶的老人生活贫困艰难，就发放国家粮仓里的粮食去救济他们。以上这些都是皇室恩德的滋润和对臣民博大的仁爱之心。如今太子早晚旁听和处理的事务，都关系到人民的利益和灾苦、当下政治的功绩与过失，心怀保护臣民的意志，造福于社会的稳定，每一天的思虑和心得都有所增长。推广这种想法到了极致，又怎么仅只是可怜那些狱中的没犯什么罪的百姓，和见到被赶去祭祀的牛而产生恻隐之心呢！如果广泛地纳谏并包容地听取各方意见，顺着事物有利的方向去作为并且获得成果，需要更改的措施就及时更改，宽宥的政策一经实施，臣民就会得到相应的好处。古代的唐顺宗作皇太子的时候，每当觐见德宗皇帝，必然有劝谏的言论，从来没有间断和懈怠过，因此国家实际上间接受到太子的恩惠长达二十多年，恰恰是用自己的高尚情操推及他人的事例啊！

尚儉

142 | 加油吧太子——承华事略赏析

梁昭明太子统，武帝长子，出宫二十余年，不畜声乐。时俗稍奢，以己率物，服御朴素，身衣浣衣，膳不兼肉。京师谷贵，令菲衣减膳，改常馔为小食。普通元年，甘露降于慧义殿，咸以为至德所感云。

译文：

梁昭明太子萧统是梁武帝萧衍的长子，搬出来独立居住到太子宫二十多年，没有蓄养乐班表演歌舞。当时社会习俗略有奢靡之风，而太子以自身为表率，穿着和出行车马都很俭朴无华，身穿洗过多次的衣服，膳食里也没有多少肉。帝京粮食价格高，便下令减少华丽的服饰和膳食，更改平常通行的大餐为简单餐饮。普通元年（公元520年）时，慧义殿降下甘甜的露水，大家都说这是太子的美德产生了"天人感应"。

梁昭明太子感瑞图

臣等谨绎：此段应画近景，作宫庭一处。堂上正中著一南朝太子冠服人，据案正坐，旁题小签，曰"昭明太子统"五字。案上略设盘飧三四器，旁作一长案，罗列卷子本书六排，每排十轴，取统有编集《文选》之事，以实其人。堂前内侍二三人，或执饭一盂，或负衣一袭。庭中修篁[1]古柏，枝叶扶疏。就中一树矗立，树下一古铜人式，两手举顶，高擎一铜盘，两脚著一镂花石台，以符"甘露降树"之义。甘露无可著笔，此仿汉《渑池五瑞图画象》所刻——甘露著一承露人例也，树前作一内侍仰视状。古质新意，一时掩映。

后半叶录"梁昭明太子统"句起，至"咸以为至德所感云"句止。

1　篁：huáng，竹。

唐太宗撰《帝范》十二篇赐皇太子。其《崇俭篇》大略曰：圣代之君，存乎节俭。富贵广大，守之以约。茅茨不翦，采椽不斫。舟车不饰，衣服无文。土阶不崇，大羹不和。非憎荣而恶味，乃循薄而奉俭。故风俗淳朴，比屋可封。此节俭之德也。

译文：
唐太宗撰写《帝范》，总共十二篇，赐给皇太子用来教育。其中有《崇俭篇》大概意思是说：圣德时代的君主，都是在节俭的风气里生存。财富多、地位高，也要遵守节俭的约束。茅草搭建的房屋不必修剪，开采的木材用作椽子也不必劈砍。出行乘坐的车船不加修饰，衣着也没有华丽的纹饰。用土夯筑的台阶不是很高，大型的豪华汤羹不去制作。不是憎恨荣华或者讨厌珍馐美味，而是要遵循淡味和奉持节俭。因此世风才能淳厚朴素，每家都有可以加封的圣贤和嘉奖的善行。这是崇奉节俭所致的美德啊。

唐太宗亲授帝范围
臣等谨绎：此段应画近景，作殿廷一处。堂上正中著一唐代冠服帝王像，旁题小签，曰"太宗"二字，据案巍坐。案上罗列卷子本书十二轴，并笔筒、墨池、砚匣之属，左右内侍三四人。堂中作一太子冠服人，跪地挺身作受物状，旁题小签，曰"太子治"三字。案前内侍一人，手持一卷，向太子屈身侧对，作授物状。又内侍一人，手捧卷子数轴。庭中分列中官卫士各二三人。云移雉尾，香晕金炉，苑鸟有声，宫花满树，方称点润。

后半叶录"唐太宗撰《帝范》十二篇"句起，至"此节俭之德也"句止。

臣恽窃惟人君以四海之广，万民之富，居处服用稍加华美，未为过举。然帝尧以卑宫室称圣君，大禹以菲饮食为令主。盖俭者德之恭也，侈者恶之大也。兼俭德者，化民之本。上俭约则下丰足，上侈靡则俗衰弊，此必然理也。伏见圣上自临御以来，稽古崇俭，如禁酒醴、造缯绤，去涂金，率以朴素为先。殿下方监国守成之际，宜观志承训，以谨其始，天下幸甚！

译文：

臣王恽私下里认为：君王拥有天下四方广阔的领土，全国民众的财富，居住的房屋和穿着的服饰稍微华丽好看一点，也不是什么过分之举。然而尧帝虽然居住简陋的房屋，仍然被称为圣明的君主，大禹虽然膳食简单，仍然被奉为大德君王。这大概是因为节俭的人道德谦恭，奢侈的人罪孽深重。同时拥有节俭的德行，能够教化民众的纯朴禀性。皇室节省简约，那么臣民得以富足，皇室奢华靡费，那么世风就会衰微破败，这是肯定的必然结果。恭谨地见到皇帝从登基以来，考察古代的先例，崇尚节俭，比如禁止制作高级甜酒、纺织贵重丝织品，摒除贵重的涂封工艺程序，凡事都先考虑到简朴无奢。太子正在监理国是、谨守基业的时期，应该反省心志，继承祖训，恭谨地开始一切事务，这也是臣民社稷的幸运啊！

戒逸

《书·益稷篇》曰:"无若丹朱傲,惟慢游是好。"

译文:
《尚书·益稷篇》记载:"不要像尧帝的儿子丹朱那样傲慢,只以巡游作乐为嗜好。"

虞帝舜申命戒傲图

臣等谨绎:此段应画近景,作敞殿一处,正中巍坐著一中古冕服帝王像,旁题小签,曰"帝舜"二字。侧著一帝臣冕服人,东坐秉圭,神色肃穆,旁题小签,曰"大禹"二字。西坐帝臣冕服摺圭三人。第一坐旁题小签,曰"皋陶"[1]二字,次坐旁题曰"伯益"二字,又次坐旁题曰"弃稷"二字。堂中作一通景,人如列神。不设栋宇户牖,不著内侍、中官。以北朝造像之衣纹,就汉石画图之模范,用笔在陈悔迟、崔道母[2]之间,一色庄严,方见古义。

后半叶录"《书·益稷篇》帝曰"句起,至"惟慢游是好"句止。

---

1 皋陶:gāo yáo。
2 陈悔迟、崔道母:明代画家,擅画人物。

《书·无逸篇》周公曰:君子所其无逸。昔殷中宗治民,祗惧不敢荒宁,享国七十五年。高宗亦不敢荒宁,嘉靖殷邦,享国五十九年。自是厥后立王,生则逸。生则逸,不知稼穑之艰难,不闻小人之劳,惟耽乐之从。自时厥后,亦罔或克寿。

译文:

《尚书·无逸篇》记载周公说:贤能的人不喜好闲散游乐。古时候殷中宗治理百姓,恭敬畏惧,不敢荒废于安宁,治理国家长达七十五年。高宗也不敢荒废日常事务和修养于安逸,以高尚的德行平定安服国家,在位五十九年。从此之后所立的殷代国君,生存于安逸之中。生存于安逸的状态,就不会懂得劳动的不容易,听不到百姓的劳苦,只知道沉湎于享乐之中。从那时起往后,殷代的那些君王都是碌碌无为或者短寿殒命。

周元公陈殷无逸图

臣等谨绎:此段应画近景,作殿廷一处。殿之正中著一周朝年幼帝王像,凭几巍坐,旁题小签,曰"成王"二字。侍坐一老臣,冕服执笏,作陈说状,神气肃然,旁题小签,曰"周公"二字。陈设皆一代鼎彝简册之属,满纸古意。此外不著一人。庭前点设五谷嘉禾数种,令人对之有庄敬之色。《无逸》一图,唐臣宋璟、宋臣孙奭所画不可得见,惟山东济宁刘村洪福院近存汉画象《周公辅成王》一石,其安顿位置尚在人心目想像间,自可采取。副以莼菜条纹,八面生动,托体吴生[1],传衣卢伽,方为合作。

后半叶录《书·无逸篇》句起,至"亦罔或克寿"句止。

---

1 吴生:指唐代著名画家吴道子。

臣恽谨按，《皋陶谟》："无教逸，欲有邦，兢兢业业，一日二日万几。"解者曰："不可逸，欲当兢业者，以天下万事丛于一身，微而难察，多而难穷，一不克谨，则所失甚大。"昔大禹克勤于邦，恶旨酒而好善言，惜寸阴，恐为善日不足也。皋陶尚陈戒如此。后之嗣王，春秋方盛者，固当寅恭儆惧，戒远逸豫，颐养福寿，则邦其永孚于休矣。

译文：

臣王恽恭谨地注释，《皋陶谟》记载："不要放纵安逸之心，要想拥有邦国，必须勤恳负责，谨慎行事，一天两天不工作，堆积起来的事务就会成千上万。"注解的人说："不能闲散安逸，想要完成功业的人，需要亲自总管社稷大任、国家各类事务，很多事情细小到不易察觉，而纷繁到难以穷尽，一旦不能谨慎、处理不当，就有可能损失很大、铸成大错。"古代大禹能能在邦国勤勉地处理事务，不喜欢美酒和伪善的言论，珍惜每一刻时间，唯恐每天做的好事不够多。舜帝的司法官皋陶还在文章中这样表达劝诫。此后的王储，正值年少，更应恭敬地效法和长存畏惧之心，以远古的圣贤为榜样，不能生活在闲适和安乐之中，调养性情、积攒福分和寿算，那么国家的长久兴盛将有美好的前景。

審官

唐元稹《教本书》云：贞观以来，保傅皆宰相兼领，余官亦时重选。马周以官高，恨不得为司议郎，此其验也。文宗太和四年，左庶子孙革奏："青宫列局，护翼元良，必用卿相子弟，文学端士。今以年月浸久，渐至讹替，近年有流外出身者。稽诸故事，未尝有流外出身者得厕此官。当日有司经局、校书、正字，品秩至卑而文学之人竞求者，盖以无尘杂故也。今五局郎资序本是清品，若授流外，则此司官属渐成芜蔓。请自今以后，不得注拟流外人。"勅旨准依。

译文：

唐代元稹《教本书》记载：唐太宗贞观年（公元627～649年）以后，太保、太傅全是由宰相兼任，其他的帝师等职位也都是从当时倚重的要员中遴选。马周官做得很大，也因没能担任太子宫中的掌管规谏的史官——司议郎这一职位而遗憾，就验证了这种说法。唐文宗太和四年（公元830年），帝师左庶子孙革上奏称："东宫官员的布局安排，是扈从增强太子的德行，必须启用列卿和宰相等高级官员的子侄和博学端正的人士。如今设置这些官员的时间很长了，逐渐地人员或有更替，近几年来竟然还有一些从九品以下开始任职的官员充任。考察古代的先例，从来也没有从九品以下开始任职的官员能参与到东宫工作。从前倒是有掌管太子宫中图书的司经局，有些校对、改错字等工作，虽然等级卑微但还是有些有学问的人竞相求职，大概是因为远离尘嚣的缘故。如今内侍省所辖的五个机构——掖廷、宫闱、奚官、内仆、内府五局的主管资质和品级原本属于上等的清贵官员，如果让出身在九品以下的官员充任，那么这些部门和官员就会逐渐处于散乱次要的地位。恳请从今往后，这些要职在考核之后，不能拟定授予出身在九品以下的官员。"皇帝圣旨准奏并依此执行。

唐孙革定青宫官制图

臣等谨绎：此段应画近景，作殿廷一处。堂上著唐代冠服帝王像一躯，凭案巍坐，陈设如常仪，旁题小签，曰"文宗"二字。两旁内侍各三人。案前著一儒臣冠服人，作屈膝陈奏状，双手捧一卷上进。庭前，东西各列儒臣冠服三四人。美秀温润，绅笏济济，吴带曹衣[1]，出以春蚕吐丝，轻云蔽月，以写宏文妙选，专在端人正士之义。

后半叶录"唐元稹《教本》书云"句起，至"敕旨准依"句止。

---

1 吴带曹衣：指中国古代绘画中"曹衣出水、吴带当风"两种不同的人物衣纹的创作风格。前者笔法刚劲洗练，衣着紧致，包裹肢体，如从水出；后者笔法圆回宛转，人物衣袂飘举，如临轻风。

臣恽按：唐高宗为太子，太宗作《帝范》以训，内有《审官》一篇。今左庶子孙革云"稽诸故事，无流外出身充东宫司局"，正以贞观以来，余官重选，其流不杂之意。唐之选择至严慎如此！又尝闻前金时，东宫官寮遭遇纂承，一切改授，谓之"随龙转"，其恩例名爵比常秩为特优。远观唐制，近视金法，二者之间诚有当取鉴者也。

译文：

臣王恽注释：唐高宗作太子时，唐太宗作《帝范》，用以劝诫和训导太子，里面有《审官》篇。当时，左庶子孙革说"考察那些先前的事例，没有出身九品以下的人在太子宫中担任主管"，是用来考证贞观年以后的事实，太子宫中的官员都是慎重遴选，出身都是有档次的上品官员。唐代东宫官员的甄别和委任如此严谨审慎！还曾听说过以前金朝的时候，太子宫中的官员的际遇和任命等，任何方式的授官改聘，都称为"随龙转"，恩宠的惯例和名分爵位都比普通的官员优厚。时代远一些则考察唐代相关制度，近一点儿可以辑揽金代的法令，这两朝的方式中，确实有很多值得借鉴之处。

元裕宗論承華事畧圖

初，裕皇读至汉成帝不绝驰道，唐肃宗改服绛纱为朱明服，心甚喜，曰："孤若遇是礼，亦当如此。不意古人已有行之矣。"及邢峙正齐太子不食邪蒿，顾宫臣曰："一菜之名，虽食之，岂遽能邪人哉！"詹臣张九思对曰："正人防微，理乃固然。譬犹於菟虽渴，不饮污泉；暍，不寝恶木阴也。"上喜其说而善之。

译文：

当初，太子真金阅读《承华事略》，读到汉成帝不敢穿越国道、唐肃宗更改火红色纱衣为深色边饰的服装，心里很高兴，说："我要是赶上这些礼仪，也会这么办的。没想到古代的帝王太子已经先行为例了。"读到邢峙更正齐太子不能进食邪蒿的内容，回过头来对东宫的臣僚说："一道菜的名称不太好而已，虽然吃了，哪至于就因此成为邪恶之人了。"掌管太子事务的詹事府的臣僚张九思回答说："训导他人，使人正直，应该从防范细节做起，这是基本原则。就像是老虎虽然口渴，也不会饮用不干净的泉水；就算是中暑，也不会在材质低劣的树木阴凉下休息。"太子听后很喜欢这种说法，并给予嘉许。

元裕宗论承华事略图

臣等谨绎：此段应画近景，作殿廷一处。殿正中著一元朝太子冠服像，据案中坐，旁题小签，曰"裕宗为太子时"六字。案上列册子本书四叠，展观一叠。西旁侍坐儒臣冠服一人，作应对状，旁题小签，曰"张九思"三字。东列内侍二人，旁设一圆几，著童子三四人围而聚观前书一叠，是为诸皇孙。恭符高宗纯皇帝《钦定四库全书存目》本书《提要》内引《元史》"诸皇孙传观"

之义。庭前著老树一株，枝叶秀发，上托凌霄，下缀葛藟[1]、瓜瓞[2]之属，缠绵有致，吉祥大雅，斯为闳恉。

后半叶录"初，裕皇"句起，至"上喜其说而善之"句止。

---

1 葛藟：gé lěi，藤蔓。
2 瓜瓞：dié，大瓜、小瓜一代一代生长，比喻子孙昌盛。

译注后记

《加油吧太子——承华事略赏析》将王恽原文与光绪年间的补图及图说绎义视为一个整体。故而将故宫博物院藏《钦定元王恽承华事略补图》二十篇主体内容以外的部分顺序调整为：《钦定元承华事略补图·原序》《钦定元承华事略补图·表》《钦定元承华事略补图·提要》《钦定元承华事略补图·凡例》，置于本书目录之后。以上四个部分没有逐句翻译，只进行了点读。一方面因为他们不是本书的主体，也是因为其中文通字顺，略读可知其大概。这四部分内容，在引言中，做了贯通的串解。

《加油吧太子——承华事略赏析》主体内容按《承华事略》原书依然分为二十"篇"；每篇之中，将光绪年间所补图（或一图，或二、三图）置于本小节标题之后；每图之后依次是王恽《承华事略》原文、译注者译文、徐郙等大臣对补图进行的描述——"绎义"（或因版面关系，将图像略微后置）；在"篇"末，有王恽对本"篇"进行的综述（"综述"若结束在单页，则其背面设置插图补白），以及译注者的译文。"绎义"浅显，可参照图中内容理解，故只进行了点读并对个别字词注释而已。

在将原书文字写法转换成现代字形的时候，保持了异体字、通假字、避讳字等写法，如切（窃）、叶（页）、著（着）、阑（栏）、象（像）、羞（馐）、惟（唯）、元（玄），等等（括号中是现代汉语应写作的字），不一一列举。

敬希有助于读者阅读和理解，译注不妥之处，恳请指正。

书名的故事 ——致读者的一封信

亲爱的读者：

　　您好！

　　当您读到此页的时候，我们的新书之旅也将告一段落，是否还有意犹未尽之感呢？那最后就让我们分享一下书名的故事吧。

　　2012年底，遵照社领导的指示，我们宫廷历史编辑室主导策划了一套丛书，即将故宫博物院图书馆藏内府珍本中有关皇帝、皇子教育方面的经典教材整理汇编，精美图片原版影印，文字部分在句读的基础上加以白话注释。书目有了，但书名一直悬而未决。年终开选题会的时候，社长一句"皇帝的课本"，让我们一解多日的忧愁，思路豁然开朗。

　　循着这样的思路，我们开始了对"课本"的编排工作，以赏析的方式对《御注道德经》《圣迹全图》《帝鉴图说》《养正图解》《元王恽承华事略补图》进行了点读、注释。一天上午，我社多才可爱的程同根主任来访，说道："皇帝的课本，课本应该是语文、数学等等性质的。'承华事略赏析'，对于普通读者，好多人可能不知道'承华事略'是什么书啊？你们应该改一下书名，和丛书名结合起来。"程老师的话启发了我们，说想就想，每位责任编辑根据所负责图书的内容拟定书名，一个一个新的想法迸发出来，可就是没有让人眼前一亮的感觉，激烈的讨论从早上一直持续到中午。我们编辑室冯印淙主任带着任务去"外界"寻求支援，本书的美术编辑王梓也给我们出谋划策，可还是没有让人满意的结果。王梓说："先吃饭吧，边吃边聊，没准能想出来呢。"带着一丝惆怅，我们奔向了餐厅，但却食之无味。突然，"养正图解"的责任编辑艾珊歌灵机一动，说这个行不行："养正，养正，今天，你养正了吗？"我们齐声欢呼："好！没准这还成流行语了呢！"思路由此打开，火花由此迸发，根据每本书的内容，再结合一些朗朗上口的有趣表达，"皇帝是这样炼成的""加油吧太子""观照孔夫子""当顺治遇上老子"等一个个既新颖又切实的书名呈现出来！

　　当我们把这些书名报告给社领导的时候，得到了社领导的肯定与表扬。一天下来，大家虽然身体感觉很疲劳，但心情是愉悦的，应该说这是一次出版理念的解放，一次集体智慧的迸发，一次突破传统的尝试。用书名拉近与读者的距离只是一种方式，把这套丛书中传统文化的精髓和古典雅致的图像奉献给读者才是我们的真正目的，希望您因此体验醇厚的内容。也许读过内容，您能体会到我们所拟定书名的妙意。为现代读者开启轻松阅读中国古代传统文化的门户，并达到亲切互动，这是我们的出版理念，也是我们一直追求的目标。

　　说到这里，真的要和亲爱的读者说声再见了，此时作为责编的我们，心情还是非常忐忑，不知您是否喜欢我们这种传统与现代的碰撞，喜欢我们这种文字与图片的呈现方式……如果您有任何意见或建议，请与我们微博互动，我们的新浪微博是：@故宫出版社宫廷历史编辑室。我们期待与各位读者的深入交流。

　　此致
　　敬礼！

宫廷历史编辑室
2013 年 7 月

图书在版编目（CIP）数据

加油吧太子：承华事略赏析／（元）王恽撰；冯修齐译注．— 北京：故宫出版社，2013.8
（皇帝的课本）
ISBN 978-7-5134-0442-6

Ⅰ．①加… Ⅱ．①王… ②冯… Ⅲ．①皇太子—生平事迹—中国—图集 Ⅳ．①K820.2-64

中国版本图书馆 CIP 数据核字 (2013) 第 184949 号

国家古籍整理出版
专项经费资助项目

皇帝的课本
加油吧太子 —— 承华事略赏析

撰　　者：（元）王　恽
清人补图绎义

译　　注：冯修齐

责任编辑：冯印淙

特约编辑：郝永伟

装帧设计：王　梓

出版发行：故宫出版社
　　　　　地址：北京市东城区景山前街4号　邮编：100009
　　　　　电话：010-85007808　010-85007816　传真：010-65129479
　　　　　网址：www.culturefc.cn
　　　　　邮箱：ggcb@culturefc.cn

制版印刷：北京方嘉彩色印刷有限责任公司

开　　本：787毫米×1092毫米　1/16

印　　张：10.5

版　　次：2013年8月第1版
　　　　　2013年8月第1次印刷

印　　数：1～5000册

书　　号：ISBN 978-7-5134-0442-6

定　　价：36.00元